珍藏本·增订本

纪念版

汉译世界学术名著丛书

论第一原理

〔英〕司各脱 著

王路 译

商务印书馆

SINCE 1897 The Commercial Press

Johannes Duns Scotus

TRACTATUS DE PRIMO PRINCIPIO

汉译世界学术名著丛书
（120 年纪念版·珍藏本）
增订本出版说明

2017 年 10 月，为纪念商务印书馆创立 120 周年，本馆推出“汉译世界学术名著丛书”（120 年纪念版·珍藏本），计七百种。近五六年来，仰赖学界同人倾力支持，订正旧译，增补新译，拓展新著，积累日多。为满足读者需要，本馆在七百种的基础上，继续推出“汉译世界学术名著丛书”（120 年纪念版·珍藏本·增订本）三百种。至此，“汉译世界学术名著丛书”累计出版已达千种。

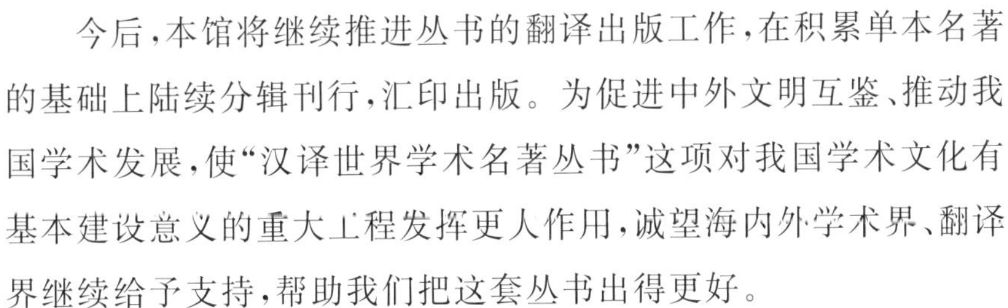

今后，本馆将继续推进丛书的翻译出版工作，在积累单本名著的基础上陆续分辑刊行，汇印出版。为促进中外文明互鉴、推动我国学术发展，使“汉译世界学术名著丛书”这项对我国学术文化有基本建设意义的重大工程发挥更大作用，诚望海内外学术界、翻译界继续给予支持，帮助我们把这套丛书出得更好。

商务印书馆编辑部

2024 年 2 月

汉译世界学术名著丛书
（120年纪念版·珍藏本）
出 版 说 明

2017年2月11日，商务印书馆迎来120岁的生日。120年前，商务印书馆前贤怀揣文化救国的理想，抱持“昌明教育，开启民智”的使命，立足本土，放眼寰宇，以出版为津梁，沟通中西，为中国、为世界提供最富智慧的思想文化成果。无论世事白云苍狗，潮流左右激荡，甚至战火硝烟弥漫，始终践行学术报国之志，无改初心。

迻译世界各国学术名著，即其一端。早在20世纪初年便出版《原富》《天演论》等影响至今的代表性著作，1950年代后更致力于外国哲学和社会科学经典的译介，及至1980年代，辑为“汉译世界学术名著丛书”，汇涓为流，蔚为大观。丛书自1981年开始出版，历时三十余年，迄今已推出七百种，是我国现代出版史上规模最大、最为重要的学术翻译工程。

丛书所选之书，立场观点不囿于一派，学科领域不限于一门，皆为文明开启以来，各时代、各国家、各民族的思想与文化精粹，代表着人类已经到达过的精神境界。丛书系统译介世界学术经典，引领时代思想，为本土原创学术的发展提供丰富的文化滋养，为推动中国现代学术和现代化进程做出了突出的贡献。

为纪念商务印书馆成立120周年，我们整体推出“汉译世界学术名著丛书”120年纪念版的珍藏本，寄望既利于文化积累，又便于研读查考，同时向长期支持丛书出版的译者、编者和读者致以敬意。

两甲子后的今天，商务印书馆又站在了一个新的历史时间节点上。我们不仅要铭记先辈的身影和足迹，更须让我们的步伐充满新的时代精神。这是商务人代代相传的事业，更是与国家和民族的命运始终紧密相连的事业。我们责无旁贷，必须做好我们这代人的传承与创造，让我们的努力和成果不仅凝聚成民族文化的记忆，还能成为后来人可以接续的事业。唯此，才能不负前贤，无愧来者。

商务印书馆编辑部

2017年10月

译 者 序

没有想到，翻译司各脱这部短短的著作竟使我花费了许多时间和精力。因此，觉得有些想法还是应该说一说才好，算是一个交待吧！

司各脱著作的编辑注释出版是本世纪的事情。而出版的第一部著作就是《论第一原理》，这是由米勒(Marianus Müller)于1941年完成的。米勒编辑注释的版本基本上成为后来人们研究司各脱思想的依据。1949年，罗奇(Evan Roche)出了该书第一个英译本；1966年，沃尔特(Allan B. Wolter)又出了一个新的英译本。克卢克森(Wolfgang Kluxen)在德译本的导言中认为，第一个英译本的翻译不能令人满意，使人读不懂司各脱的著作。第二个英译本的真正功绩在于提供了重要的解释，但是译文本身没有那种"人们一定在期待着的改进"。这里提供的中文翻译主要参照1974年出版的克卢克森的德译本(该译本附有拉丁文原本)，①此外还参照罗奇的英译本。文中的页边码根据德译本。

司各脱的《论第一原理》是他晚期的著作，也是他的一部非常重要的著作。罗奇在英译本的导言中谈到翻译这部著作的理由时说了三点：第一，这是司各脱的一部真作。第二，这部著作包含着

① 1974年初版与1994年第三版在文本上并没有任何修订。

司各脱的一些最杰出的思想和努力。司各脱的杰作有两部，一部是《牛津评注》，另一部就是《论第一原理》。前者是鸿篇巨著，而且涉及的范围极其广泛。后者则更系统，所谈的则是十分重要的问题。此外，后者的大部分内容可以与《牛津评注》的一些最出色的部分相比美。第三，而且也是最重要的，这部著作详细地提供了一个无与伦比的关于上帝存在的证明，而这个证明过去一直被忽视了。我认为，这几个理由，特别是第三个理由，也可以说是我翻译这部著作的理由。因为中世纪关于上帝存在的本体论证明是非常出名的，而且在哲学史上占有重要的地位。这一部分思想是绝不应该被忽视的。司各脱为此作出了极其重要的贡献。他的思想自然值得我们高度重视。

《论第一原理》也是一部未完成的著作。英译本和德译本都谈到从该书不同的手稿可以看出该书有补充部分，但是它们也都认为其中有伪作，因而在翻译过程中略去了这一部分。因此在我的中译文中也没有这一部分。

在翻译中，一个十分重要而且困难的问题是对 Sein 的翻译。我们过去一直把它翻译为“存在”。（当然，在其他情况也有翻译为“有”的，比如在黑格尔的著作中。）很久以来，我认为这个词应该翻译为“是”，因为它的最主要的作用是作语法连词，没有字面含义；其次它还有本体论的含义，这就是表示存在。我十分不满意以“存在”来翻译这个词，但是真正用“是”来翻译它，我也从来没有尝试过，或者确切地说，我从来没有这样的机会，因为近年来我没有翻译过专门探讨“存在”意义上的 Sein 或 Being 的著作。这次翻译司各脱的著作，对我来说，既是一次翻译这类著作的机会，同时也是一次挑战，因为它迫使我把自己的思想梳理清楚，同时使自己的翻译是可读的并且是可理解的。

把 Sein 或 Being 翻译成“是”是有许多困难的。这主要是语言差异所带来的问题。汉语与西方语言有很大的差异，其中很主要的一点是在语法形式上。在西方语言中，Sein 或 ist 这个系（动）词的名词形式，表示的意思相同，但是语法形式不同，因此使用起来，特别是当把它作为研究和探讨的对象进行论述时，不会出现误解的问题。但是在汉语中却不是这样。在汉语中，“是”是系词，不是名词。当我们用“是”来翻译 Sein 时，在语法形式上是没有区别的，因而会造成理解上的混淆。这是因为，当我们谈论“是”时，“是”是我们对象语言里的东西，而在我们的元语言，即我们用来谈论“是”的语言中，也有“是”出现，“是”在对象语言中是名词，而在元语言中主要是系词，但是在形式上看不出区别，这样就容易造成理解的问题。当然，我们可以把对象语言中的“是”加上引号，就像这里的讨论这样。但是这样做总是比较别扭的，特别是当一篇文章的引号多了的时候，就不是中文了，读起来也会很累。因此，为了翻译好这个词，我确实下了很大的功夫。此外，还有一些与它相应的词，比如“是者”（das Seiende），还有“必然是”（Notwendigsein），等等。

在西方语言中，Sein 虽然是一个系词，但是也有独立作谓词的情况。比如，“Gott ist”。但是在汉语中，“是”不能做独立的谓词，比如我们不能说“上帝是”，我们必须说出“是什么”才是正确的语言表达。我想，这也是人们把 Sein 翻译成“存在”的主要原因之一，因为“上帝存在”就是标准的汉语表达。但是，我认为这里恰恰存在着一个十分严重的问题。这就是:这样的翻译与中世纪关于上帝存在的本体论证明的出发点是不一致的。从司各脱的著作可以十分清楚地看出这一点。司各脱证明的出发点是上帝关于自己的名字的表达,即“我是我之所是”(拉丁文“Ego sum qui sum”,德译文“Ich bin der ich bin”,英译文“I am who I am”)。这是当希伯来人的祖先摩西问上帝的名字时上帝的回答。那么,这里说的“是”是什么意思?由此产生了中世纪神学家和哲学家的探讨和论证。如果人们认为应该以“存在”来翻译,那么我只能承认我是无能为力的。我们可以说“上帝存在”,也可以说“存在上帝”,但是上帝说的这句话我是无论如何翻译不出来的。

因此这里的问题是,既然只能以“是”来翻译 Sein,那么根据“是”,能不能理解 Sein?我认为,这是可以做到的。我们应该看到,在西方语言中,Sein 主要是一个系词。虽然它本身就可以作谓词用,但是这样的情况是非常非常少的。而且,除了关于上帝的表达外,几乎不这样用,尤其在日常语言中。由此我们实际上可以说,在西方语言中,Sein 或 Being 作独立的谓词使用的情况也不是特别自然的。比如,很难听到有谁会说“Die Sonne ist”,“The sun is”,“Das Buch ist”,“The book is”,等等。人们总是要说出某物是什么。关于上帝,人们之所以说“Gott ist”或“God is”,在很大程度上是因为上帝说“Ich bin der ich bin”,就是说,除了 Sein 以外,上帝对自己没有作出任何解释和说明。因此人们必须去理解这里的 Sein。但是实际上,即使在这里,Sein 也是作系词用的。在主句中,bin 连接的是主词 ich 和作表语的名词从句“der ich bin”,而在从句中,bin 连接的是主语 ich 和表语 der。这里,der 是一个定冠词，表示一个确定的东西。此外，中世纪学者关于 Sein 是作连词还是表示存在有许多争论，司各脱在讨论中（本书第四章）也区别了表示本质的 Sein 和表示存在的 Sein，这说明 Sein 单独作语法谓词也不是没有争议的。因此我们用“是”来翻译，应该说是比较恰当的。我们可以简单地只当在这样的汉语表达中，这一用法有些“怪”就可以了。但是这里应该注意两点。第一，在西方语言中，这个词本身就有本体论方面的含义，而汉语中的“是”本身是没有的。第二，我们考虑这个词时，一定要首先把“存在”的含义忘掉，应该承认，这个背景实在是太强太大了。但是对于理解西方哲学思想来说，它毕竟是有问题的。

在这个词上，关于巴门尼德、亚里士多德、黑格尔、海德格尔等人的思想的翻译、理解和解释方面，也存在着许多问题，由于与本书的翻译无关，因此就不在这里论述了。

还有一个词的翻译应该在这里说一下，这就是 Ursächlichkeit（英文 causality）。人们过去对这个词的翻译是“因果性”或“因果关系”。我认为这个词的词根是 Ursache 或 cause，即“原因”，因此应该翻译为“原因性”。虽然西方哲学家在探讨原因的时候一般总是和结果连在一起的，但是这个词本身是没有“结果”的含义在里面的。而且从司各脱（以及许多哲学家）的论述中我们可以看到，有些时候谈论的只是原因，或者是不考虑结果的原因。叶秀山先生曾对我说过，他也认为这个词应该翻译为“原因性”。我认为他的意见是很正确的。因此本书采用了这个术语。与这个术语相关的，还有几个词，我基本上是参照拉丁文，按照德文翻译的，而没有按照英译文的译法。一个是 verursachen，它的意思是“引起”、“造成”，为了强调这个词字面上的“原因”的意思，我把它（在不及物使用时）翻译为“起原因作用”。与这个词相应的现在分词和过去分词分别是 verursachend 和 verursachte，我把它们分别翻译为“起原因作用的”和“被（原因）引起的”。对于与它们相应的名词“das Verursachende”和“das Verursachte”，我分别翻译为“起原因作用的东西”和“被（原因）引起的东西”。这主要也是为了强调字面的“原因”的意思。翻译中还有一些值得注意的问题需要结合具体上下文来说明，我在文中一一加了注释。这里不再重复。

本书不是从拉丁文直接翻译。我在翻译过程中尽了最大努力认真地参照了拉丁文和英译本，希望读者对译文中存在的缺点和错误提出批评指正！

感谢商务印书馆重出多年前翻译的这部著作！今天，对 Sein (Being) 这一用语及其表达的含义，我的基本认识没有变，而且经过多年的研究和讨论，我有了更加明确而深入的认识：Being (Sein) 问题乃是西方哲学的核心问题，翻译固然不易，最主要的还是理解问题。也就是说，与 Being (Sein) 相关，至关重要的乃是如何理解西方哲学。

衷心感谢商务印书馆所有为出版此书付出辛劳的同志！

王路

目　　录

第一章

事物的第一原理使我能够相信、理解和说明什么东西是它所 2
喜欢的，什么东西使我们的心灵升华而像它那样观察。

我主上帝，当你的仆人摩西渴望知道你这位最真的老师叫什么名字，以便可以对以色列人说时，你大概完全知道以芸芸众生的理解力能够把握你些什么；你在“我是我之所是”①这个回答中显示了你神圣的名字。你即是那真是，你即是那全是。② 如果可能的话，这（我相信，这）就是我想知道的。主啊，请帮助我研究，我们的自然理性在什么程度上能够从是者，即你关于你所表述了的东西，达到一种关于真是——即你之所是——的认识。

尽管是者有许多明确的性质，考虑这些性质对于执行我们的计划也会有好处，但是我却想以下面的方式从本质秩序③出发，亦即从最富于成果的证明方式出发。在第一章，我将预先说明四种

① 《出埃及记》三章14节。

② 这句话的原文是：Tu es verum esse，tu es totum esse，德译文是 Du bist das wahre Sein，Du bist das ganze Sein。这是对“我是我之所是”（原文是 Ego sum qui sum，德译文是 Ich bin der ich bin）的说明。由此出发展开了关于上帝的本体论的证明。在下文（第四章）作者还专门区别了表示本质的是和表示存在的是。因此这里只能译为“是”。——译注

③ 这里的 Ordnung 也许译为“次序”更为适合。我采用“秩序”一词是沿用了我国习惯的用法，而且这一般不会引起误解。——译注

秩序划分，从这些划分将提出有多少种本质秩序。

说明一种划分则有如下要求：首先，划分的各分支应该（概念上）是能够确定的，并且由此表明，它们包含在被划分的东西中；第二，应该说明，划分的各分支是相互排除的；第三，应该证明，划分的各分支穷尽了被划分的东西。第一条要求将会在本章出现，其他两条要求则在第二章出现。这里我还要描述这些划分，并说明划分的分支的概念含义。

但是，我不在严格的意义上理解本质秩序——根据这种意义的用法，一些人说，只有在后的东西是“有秩序的”（geordnet），而在先的或第一的东西是在秩序之外的。相反，我在一种普遍的意义上理解本质秩序，在这种意义上，秩序是一种令人同等看待的关
4 系，即鉴于在后的东西表述在先的东西，并且鉴于在先的东西表述在后的东西；在这种意义上，有秩序的东西也通过在先的东西和在后的东西得到完整的划分。因此有时候人们谈论秩序，有时候人们谈论在先性和在后性。

第一种划分 因此我首先说：本质秩序，如同看上去那样，首先应该划分为优先性[①]秩序和依赖性秩序，一如歧义词划分成其各种歧义。

以第一种方式，在先的是优先的东西，在后的是被超过的东西。简要地说：从本质上总是更完美和更优越的东西就是这种意

① “优先”这个词在本文经常出现。这个词的原文是 eminentiae，德译文是 Vorrang，英译文是 eminence。本文根据拉丁文和德译文的意思把它译为“优先”（以及“优先性”和“优先的”），有时候也译为“优越的”。——译注

义上在先的。在这种在先的方式的意义上，亚里士多德在《形而上学》卷九[①]中证明活动比潜能是在先的，那里他称这样的东西为“根据实体和类”而在先的东西。他说，根据形成而在后的东西根据类和实体是在先的。

以第二种方式，在先的是某种东西所依赖的东西，而在后的是有依赖性的东西。对于这种在先的意义，我是这样理解的：正如亚里士多德在《形而上学》卷五[②]中根据柏拉图的信念说明的那样，根据本性和本质，在先的就是这样的东西，它完全可以没有在后的东西而存在，但是不能反过来。对此我的理解如下：即使在先的东西必然地引起在后的东西，因而并不是可以没有它而“是”，那么这也不是由于为了它的是而需要在后的东西，而是正好反过来；这是因为，假定在后的东西不是，那么当在先的东西依然是时，并没有任何矛盾；反过来却不是这样的情况，因为在后的东西需要有在先的东西。我们可以把这种“需要”称为“依赖”，因此我们说：所有本质上在后的东西都必然依赖于在先的东西，而不是相反，尽管有时候必然跟着一个在后的东西。也可以如上把这种在先的和在后的东西称为“根据实体和类”而在先的和在后的东西；但是，为了表达出区别，称它们为根据依赖性而在先的和在后的。

第二种划分　优先性秩序不再划分，我对依赖性秩序继续划分：因为要么有依赖性的东西是被原因引起的，而它所依赖的东西

① Aristoteles, *Met*. *IX t*. *15* (c. 8,1050 a 1—5).

② Aristoteles, *Met*. *V t*. *16* (c. 11,1019 a 1—4).

是它的原因；要么有依赖性的东西是一种原因所引起的比较远的结果，而它所依赖的东西是这同一种原因所引起的比较近的结果。

6 在这第二种划分中，第一个分支的意思是人们充分认识到的，而且人们还认识到，它包含在被划分的东西中。因为根据以上对于这里划分的东西的意思的说明可以看出，什么是原因，什么是被原因引起的东西，被原因引起的东西从本质上说依赖于原因，而这种原因是它所依赖的原因。

但是第二种划分的第二个分支本身是不清楚的，而且它如何包含在被划分的东西中也是不清楚的。

第一个分支是如下解释的：如果相同的原因有两种结果，一种结果根本就是由这种原因直接在先引起的，而另一种结果仅仅是在这种直接的结果已经被引起之后才由它被引起的。因此我说，后一种结果相对于相同的原因是在后被引起的东西，而直接的结果是在先被引起的东西。这就是这种划分的分支的意思。

由此我还要说明，它包含在被划分的东西中，就是说，比较远的结果依赖于比较近的结果。首先，当后者不是时，它就不能是。其次，原因的原因性依一定秩序与这种结果有关，所以……；反过来，与是它们的原因的第三者相比，它们之间有一种本质秩序，因而即使把它们看作不是相互依赖的，它们也有这种秩序。第三，这样一种原因本身只能被理解为最近的东西的比较近的原因，如果这种东西还没有被引起，那么这种原因只能被理解为其他东西的比较远的原因；但是，如果这种东西已经被引起了，那么人们也把它理解为与第二种结果相关的最近的原因，但是只要它是“遥远的”，仅从这种远的原因就不会引起这种结果。因此，第二种结果依赖于这种原因是因为它已经使这种比较近的原因出现了；所以它也依赖于比较近的东西的是。

第三种划分　第二种划分的两个分支各自又被划分。首先，我对第二种划分的分支进行再划分，因为这符合以上论述。因为一个距一种原因所引起的东西较近的在先的东西被说成是不仅是距二者直接原因较近的东西，而且也是距遥远的原因较近的东西。例如，一事物——A——的最近的原因绝不是另一事物——B——的原因；相反，其他某个在先的原因是这个B的最近的原因，并且是那个有另一个最近的原因的东西的遥远原因：在这种情况下，在这些被原因引起的东西之间总有一种本质秩序，这是一种从在先的被原因引起的东西到在后的被原因引起的东西的秩序，而且是
在下面的情况下：二者的共同原因的原因性与它们的关系，在一种 8
本质秩序的意义上就是与被原因引起的东西的关系。

这个划分的第二个分支包含在被划分的东西中，这是不太明显的。但是，它的证明如下：既然二者与是其原因的第三者相联系，那么二者相互之间也有一种本质秩序。在这种情况下，只要在先的东西不是被原因引起的，共同的原因也会被理解为与在后的东西相关的遥远原因。在这种情况下，没有在先的东西，在后的东西也就不能是。

第四种划分　第二种划分的第一个分支，即原因，根据著名的方法被再划分为人们熟知的四种原因：目的因（Zielursache）、作用因（Wirkursache）、质料因（Stoffursache）和形式因（Formursache)；而与它对立的在后的东西被再划分为相应的四个分支，即：为一个目的而被排列的东西，它叫作确定了目的的（zielbestimmt）；被作用的东西（Bewirkte）；由质料所引起的东西，它叫作确定了质料的（stoffbestimmt）；通过形式被引起的东西，它叫作确定了形式的（formbestimmt）。我在这里不考虑这种划分的分支的意义；因为我在其他地方已经相当详细地探讨过它们，而在后面当问题需要时，我有时候还要探讨它们。

我把这一章的成果总结如下：本质秩序这个概念通过划分为六种秩序而被穷尽，这六种秩序是：四种从原因到被原因引起的东西的秩序；一种从被原因引起的东西到被原因引起的东西的秩序，这里我以此把第三种划分的两个分支合为一个；一种从优先的东西到被超过的东西的秩序。

这些划分的说明还要求说明两点：各个划分的分支是相互排斥的；它们穷尽了被划分的东西的意义内容。由于对于我们的目的是必要的，这两点将在下一章得到说明。下一章还要对几个普遍的必然的命题提出讨论，对上述秩序以及它们的分支进行比较，看看随它们而产生的东西是不是必然的；因为以比较的方式对它们进行思考对于下文将是十分有价值的。

第二章

这里将以证明的方式说明上述四种划分和对上述本质秩序的 10
分支的比较。

我主上帝，当奥古斯丁描述你三位一体时，你确切无误地告诉了这位令人尊敬的学者他在《论三位一体》卷一[①]中以下面的话所领会的东西：根本没有这样的东西是，即它本身证明它是。难道你没有同样确切地使我们深深感到下面完全类似的说法是真的吗？

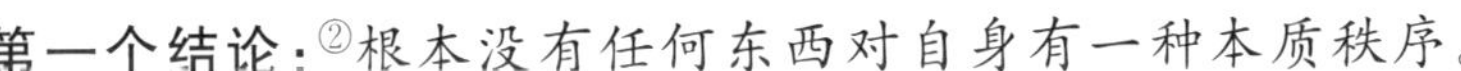

第一个结论：[②]根本没有任何东西对自身有一种本质秩序。

因为在优先性秩序中，还有什么是比相同的东西本身超过自己的本质完善性更不可能的呢？在其他六种秩序中，还有什么是比相同的东西本质地依赖于自身更不可能的呢？还有什么比在以上说明的概念的意义上能够没有自身而是更不可能的呢？

这与下面说法的真也是一致的：

---

① Augustinus, *De Trin.* I c. 1 (PL 42,820).

② 作者在每一章都以提出结论和得出结论的方式进行论证。在这一点上，“结论”这个词的拉丁文原文是 conclusio，德译文是 Satz，英译文是 conclusion。本文没有根据德文翻译这个词，而是根据拉丁文和英译文把它译为“结论”。——译注

第二个结论：在各个本质秩序中，循环是不可能的。

凡总是比在先的东西在先的，则是比在后的东西在先的：如果人们否定这第二个结论，就得出第一个结论的对立结论。相同的东西也会本质上比相同的东西是在先的或在后的，因而是比相同的东西更完善的或不如相同的东西完善，或鉴于相同的东西而是有依赖性的或没有依赖性的——这些都远远不是真的。亚里士多德在《后分析篇》卷一[1]中从证明方法排除了这种循环，他在事物中排除这种循环也不是没有可能的。

根据这第二个结论，我提出第三个结论，这个结论由第一个结论得到证明，并且已经包含在第一个结论之中——我将在下面应用它：

第三个结论：凡不比在先的东西在后的东西，也不比在后的东西在后。

它是从上述肯定的东西得出来的。由此得出：凡不依赖于在先的东西，也不依赖于在后的东西。此外，凡不是由在先的原因所引起的东西，也不是由在后的原因所引起的东西，因为在后的东西
12 在起原因作用时依赖于在先的东西起原因作用。

上帝啊，在你的指引下，我们现在要对上述六种秩序进行比较，而且首先要比较原因和被原因引起的东西的四种秩序。然而，我在这里不着手研究它们的区别或划分的有效性，因为这两点大

[1] Aristoteles, *Analyt. Post. I t. 6* (c. 3, 72 b 25).

概都是充分为人所知的;而且这样的研究可能会走得太远,对于我们的计划来说是不必要的。我将只在六个结论中对上述秩序进行比较,比较的着眼点是:在被原因引起的东西方面,属于被原因引起的东西的或从被原因引起的东西得出来的东西是什么。

第四个结论:凡不是确定了目的的东西,是不被作用的。

首先以下面的方式证明这一点:凡不是从一种实际起作用的原因产生的东西都是不被作用的;凡不是向一个目的的东西就不是从一个实际起作用的原因产生的;所以……,等等。

前一个句子证明如下:在任何属中,偶然的东西都不是首要的。亚里士多德在《物理学》卷二[①]中清楚地表述了这一点,他认为,自然和理智,作为原因的属中的真正原因,是比作为偶然原因的偶然的情况和大概的事情必然在先的。但是,根据上面第三个结论(我说的是积极作用,即唯独它们是真正可以起作用的),凡不是从首要的东西产生的,也就不是从在后的东西产生的。因此前一个句子是显然的。后一个句子证明如下:每个真正起作用的东西将为一个目的而起作用,因为任何东西也不会白白地起作用——亚里士多德在《物理学》卷二[②]中出于自然本性而确定了这一点,在那里,这一点不太容易理解;因此这样一个东西若无明确目的,将不起任何作用。

其次,这个主要的结论证明如下:目的是产生原因(的过程)中

① Aristoteles, *Phys*. *II* *t*. *66*—*67* (c. 6,198 a 5—13).

② Aristoteles, *Phys*. *II* *t*. *49* (c. 5,196 b 17—22).

的首要原因；因此阿维森纳（Avicenna）说：它是原因的原因。[①] 这也可以通过实际的考虑得到证明：因为形象地说，目的作为“被喜爱的东西”（geliebtes）而“运动”，所以起作用的东西作为质料的形式；但是目的作为被喜爱的东西而运动，并不是因为另一种原因引起目的。所以目的本质上是产生原因（的过程）中的首要原因。这也可以证明如下：亚里士多德在《形而上学》卷五[②]中指出，目的是原因，因为以此回答“为什么？”这个问题，而这个问题问的就是原因；由于以它（即目的）说明第一的为什么，因此它将是第一的原
14 因。这个假定是显然的；对于“为什么某物起作用？”这个问题，回答是：“因为它喜爱这个目的或力图达到这个目的，”而不是相反。

从以上三种方式说明的目的的首要性得出主要结论：因为根据上面第三个结论，任何东西若是没有在先的原因，也就没有在后的原因。

第五个结论：凡不被作用的东西，就不是确定了目的的。

证明：只有确定了目的的东西之是在本质上依赖于目的，如同依赖于在先的东西一样，目的才是原因。这是显然的：因为每一个原因只要是原因，就是以这种方式“在先的”。但是确定了目的的东西根据其所是只依赖于以这种方式在先的目的，恰恰在于目的作为被喜爱的东西促使一种起作用的东西使它（确定了目的的东西）能够是；因此，只有当目的以自己具有原因性的方式起原因作

① Avicenna, *Met.* Ⅵ *c.* 5 (f. 94 va).

② Aristoteles, *Met.* Ⅴ *t.* 2 (c. 2,1013 a 33—35).

用时，起作用的东西才在它的属中表达是。因此，若无一种被起作用的东西所作用的东西（它喜爱目的），则目的将不会引起任何东西。

结果这里得出一种补充说明。[1] 不应该隐瞒的是，一种关于目的的错误想象说明，是者的目的因是其最终的运作或通过这种活动而达到的对象。如果在下面这种意义上理解这一点，即如此之物作为一种如此之物而是原因，那么这一点就是错误的，因为它是从是得出来的。确定了目的的东西之所是在本质上也不依赖于作为一种如此之物的如此之物。相反，恰恰是那种东西（即作为起作用的被喜爱的东西之一），由于它，起作用的东西使某物得以存在，因为它是向着被喜爱的东西排列的——这种东西，作为一种被喜爱的东西，是被规定的目的因。

有时候最终活动的对象大概是这样一种被喜爱的东西，因而也是目的因：不是因为它是这样一种自然的活动终点，而是因为它被那种引起自然的东西所喜爱。但是，有时候很可能把某物的最终活动或通过这种活动而达到的东西就叫作目的，因为它是最终的并且在一定方式上说是最好的，而且它有目的因的一些性质。

所以，亚里士多德不会认为，在根本的意义上说，理智有一个目的因，而没有一个动力因。[2] 相反，要么他认为只有一个“目的”，这里的目的概念可以扩展到最高活动的对象，要么如果他确

---

① “补充说明”在本文出现几次。它的拉丁文原文是 corollarium，德译文是 Ergänzung，英译文是 corollary，拉丁文和英译文都有“引理”的意思。考虑上下文的意思，本文根据德译文把它译为“补充说明”。——译注

② cf. Aristoteles, *Met.* Ⅻ *t. 43 et 48* (c. 8, 1073 a 34 sqq. et 107 a 17 sqq.)

实承认一种真正意义上的起作用的东西，那么他认为这不是一种通过运动和变化（起作用的东西）的东西——因为这四种原因属于形而上学家的领域，因而就像它们属于物理学家的领域那样，对它
16 们要进行抽象。如果亚里士多德认为这四种原因是持久的和必然的，那么他也不会认为，第一的东西使这些原因在不是“之后”——这里的“之后”是在持续过程中的意义上理解的；相反，他只会认为第一的东西使这些原因在不是“之后”而是——这里的“之后”是在自然秩序中的意义上理解的，如同阿维森纳在《形而上学》卷六第二章[①]中解释创造这一概念的意义那样。但是，必然性与被原因引起的东西（这个概念）矛盾还是不矛盾，对于这个表达没有影响。如果一个起作用的东西无论如何必然会能够引起什么东西，如果一个目的必然会起到确定目的的作用（而不是反过来），那么至少在这种情况下，每一个（由它们）被引起的东西就是“可能的”，这不仅仅在于它与不可能的东西是对立的，而且在于它与自身必然的东西是对立的，因为它是它的原因的潜能的对象或终点；尽管根据哲学家的看法，它不会是与普遍意义上“必然的东西”相对立的纯粹“可能的”，因为他们会否认独立的实体有这样一种或然的性质。

另一个补充说明是显然的：目的不是起作用的东西的目的因，而是作用的目的因；因此如果说“起作用的东西为了目的而起作用”，那么这里的意思不应该是它的目的，而应该是它的作用的目的。

---

① Avicenna, *Met. Ⅵ c. 2* (f. 92 ra).

第六个结论：凡不被作用的东西，就不是确定了质料的。

这一点的证明是：质料自身是有与形式“矛盾的潜能”的；因此它自身能够不通过形式而活动；因此它能够通过其他某种为它带来活动潜能的东西来活动。这就是整体起作用的东西；因为“构造一种整体”和“质料通过形式而活动”是一样的。

第一个推论是显然的：一种纯粹被动的和可能矛盾的潜能并不（自身）导致活动。如果人们说形式确实使潜能本身活动，那么这（只是）在形式上是真的。但是由于首先不能把形式和质料理解为一体的，因而那种使它们一体的东西就有一种起作用的原因的含义，由此（才）得出通过形式确定活动。

其次，这个结论的证明是：起作用的东西是距目的因最近的原因；因此它比质料是在先的。而在先的东西（原因）所没有的东西，在后的东西也没有。第一个命题的证明如下：因为形象地说，“作为被喜爱的东西运动”就是由目的引起某种东西；这种运动只运动起作用的东西，而不运动其他原因。

第三，这个结论的证明是：整体是真正的一；因而它有一种“一 18
个”是者性质，这种性质既不是质料的是者性质，也不是形式的是者性质。而且这种“一个”是者性质原本不是由两个是者性质引起的——因为任何一除了从一产生外，都不是从多产生的；原本也不是从两个是者性质中的一个产生的——因为这两个是者性质中的任何一个与整个是者性质相比都是较小的东西；因此（它是）由这两种是者性质以外的一种东西（引起的）。

第七个结论：凡不是确定了质料的东西，就不是确定了形式的，并且反之亦然。

这一点的证明是：凡不是确定了质料的东西就不是一种由本质部分构成的整体；因为在各个真正是一这样的构成整体中，一部分是潜在的，因为一个真正的一只是由潜能和活动构成的——根据《形而上学》卷七和卷八。[①] 因此，任何没有一个真正潜在部分的东西都不是一个构成的整体；因而也不是一个确定了形式的东西，因为一个确定了形式的东西是一个构成的整体，这个整体以形式作自身的一部分。正像这里探讨形式和质料一样，也可以相应的方式探讨主体和偶性。

根据亚里士多德在《形而上学》卷七[②]中的一种思想，这个证明被证实：如果某种东西是由一种唯一的因素形成的，那么它就仅仅是这种因素；甚至这种东西不会再是“因素”——根据本章第一个结论。因此类似地，如果某种东西只有一个本质部分，那么它就仅仅是这个部分；甚至这个部分也不再是“部分”，同样不是原因，由于上述第一个结论。因此，每个被一个内在原因引起的东西也有另一个作为共同起原因作用的内在的东西（原因）；因此这个欲证的结论是显然的。

第八个结论：凡不是由外在原因引起的东西，就不是由内在原因引起的。

从以上给出的四个结论看，这个结论是显然的；然而对它仍有

---

① cf. Aristoteles, *Met*. Ⅶ *t*. *27* (c. 8, 1033 b 16—19); Ⅷ t. *16* (c. 6. 1045 b 20).

② Aristoteles, *Met*. Ⅶ *t*. *60* (c. 17, 1041 b 22).

特殊的证明。

第一个证明是:外在原因起原因作用的方式表明一种不必与不完善相关联的完善;而不完善则必然与内在原因相关联。因此在起原因作用的过程中,外在原因是比内在原因在先的,一如完善的东西是比不完善的东西在先的。这里加入第三个结论,然后得出欲证的结论。

第二个证明是:内在原因能够在自身之内,而且是与外在原因相关的被引起;因此与外在原因相比,内在原因在起原因作用的过程中是在后的。前件关于形式是显然的。只要它是一"部分",那么它对于质料也是显然的;下面将引入与此有关的证明。

第九个结论:这四种原因是在引起相同东西的过程中依本质排列的。

从上述五个结论看,这个结论是显然的。然而它似乎是一个可由自身论证的结论:同一个东西本质上所依赖的多个东西有一种秩序,根据这种秩序,同一个东西有秩序地依赖它们。这是因为,有些多与形成一的活动和潜能是不同的,或者这些多根本没有秩序的统一,而所有这样的多都不引起某种本质同一的东西。因此,由于这四种原因不是一个一的部分(这个一是由这些部分形成的,就像由活动和潜能构成的一样),在这种条件下,如果它们还根本没有统一性,那么只要它们起原因作用,它们怎么能够引起某种同一的东西呢?因此只要它们引起被原因引起的东西,它们就有一种秩序的统一;通过这种秩序,它们都是一——这里涉及第三种东西,即起原因作用的过程,因此就像整个世界中的多通过秩序而是所是的一一样。

从关于目的和起作用的东西的相互论述，即从第四个结论的第二个证明，从第六个结论的第二个证明，从这些结论所涉及的其他原因以及从第八个结论，人们可以看出，这几种原因有什么样的秩序。

但是，内在原因相互有什么样的秩序，我在这里不想过于详细地进行研究；下一步我将几乎不需要它们。然而，根据独立性，质料似乎是“在先的”，因为或然的和提供形式的东西似乎依赖于持久的和接受形式的东西；因为可以接受形式的东西是在提供形式的东西之前被理解的。而且许多人在这种意义上解释奥古斯丁在《忏悔录》中的一种立场，即承认质料是比形式在先的。[①] 如果人们问，质料根据什么秩序是在先的，我就要回答说，质料像被引起
22 的东西那样在先的，这种被原因引起的东西更接近于相同的遥远的原因；所谓更接近于，我是说，必然根据这样一种秩序，以此形式由它（原因）所引起。但是，形式根据优先地位是“在先的”，因为它是更完善的；在《形而上学》卷七中比较形式和质料的地方，亚里士多德把这一点作为显见的道理而加以接受，[②]尽管从他在其他地方——《形而上学》卷九关于活动和潜能[③]——的表述也能够证明这一点。

但是人们大概完全理解：原因是在起原因作用的过程中或者

① Augustinus, *Confess.* XII *c. 4* (PL 32, 827).

② Aristoteles, *Met.* VII *t. 7* (c. 3, 1029 a 5).

③ Aristoteles, *Met.* IX *t. 13* (c. 8, 1049 b 5).

根据它们所起的原因作用而依本质被排列的，这是一回事；那些是原因的东西是依本质被排列的，则是另一回事，一如阿维森纳在《形而上学》卷六第五章说明的。[①] 因为第一种情况是真的，并且已被说明；否则下面的命题就会是假的："因为它喜爱这个目的，所以它引起这种结果"；"因为它起作用，所以形式是提供形式的，而质料是提供质料的。"这些命题确实是人们普遍承认的。但是第二个命题是假的。因为那种是目的的东西并不是起作用的东西的原因，相反的情况有时候也不行。但是一般来说，起作用的东西也不是那种是质料的东西的原因，因为它预先假定了质料。

至此完成了对第四种划分的各分支的比较。我简要地省略了第三种划分；明显可以看出，它的划分支是相互排斥的，被划分的东西是穷尽的。因为：

第十个结论：如果针对同一个原因对两种情况进行比较，则要么针对一个近的原因，要么针对一个遥远的原因。

我对第二种划分提出两个结论。第一个结论涉及划分支的区别：

第十一个结论：并非每一个距原因较近的、被原因引起的东西都是距相同原因较远的、被原因引起的东西的原因；因此有是"在先的"被原因引起的东西，但是它并非因为是原因而是"在先的"。

这里的前件通过一个例子和一种实际的考虑得到证明。这里提供的例子是：量是一种比质"更近"的被原因引起的东西，却不是

① Avicenna, *Met*. Ⅵ *c*. 5 (f. 94 va).

质的原因。如果详细研究原因,这就是显然的。通过实际考虑将
24 证明这一点。

第二个结论涉及划分的完整性:

第十二个结论:任何东西都不本质地依赖,除非依赖于一个原因或依赖于与一种原因较近的被原因引起的东西。

这一点的证明是:如果一个东西依赖于其他另一个东西,那么假设这另一个东西是 A,而依赖者是 B。如果 A 不存在,那么 B 将不是。但是如果 A 不存在,那么这个 B 的所有真正原因就会共同起作用,而且所有比 B 距这种原因更近的被引起的东西都能够是已经被引起的:由于根据这里的考虑 A 绝不是任何这些原因,因此 B 将不是,即使所有真正的原因共同起作用,即使所有比 B "更近的"被原因引起的东西已经被设定了。因此所有这些真正的原因不是充分的原因,即使那种较近的被原因引起的东西已经被原因引起了。这种推论是显然的:因为"充分的"原因能够引起较远的被原因引起的东西,如果设定了较近的被原因引起的东西的话。

如果人们说,这个论证得不出它们不能起原因作用的结论,而只能得出它们实际上不起原因的作用,那么这是没有什么用处的。因为如果——根据这里的考虑——A 不是作为是者被设定的,那么 B 就不能是。现在如果关于所有原因和在先的被原因引起的东西一切都设定了,那么 A 就确实不能通过它们而是;因为它既不是这些原因中的一个,也不是能够由这些原因所引起的。所以 B 也不能通过它们而是;因为某种东西(B)绝不能通过这样的东西而是,即通过它不能有起原因作用的东西(A)而是,而没有这种东

西，这某种东西(B)也就是不可能的。

如果人们说，“一个构成的整体能够通过一种自然起作用的东西而是；但是如果没有质料这个构成的整体就不能是，那么质料就不能通过这个构成的整体而是”——这种异议是没有什么价值的，因为这种自然起作用的东西不是构成的整体的整个原因，而是这样一种东西，从它出发，在排除其他每一种起作用的东西的条件下，这个构成整体能够是。我谈论这样一种原因：因为如果我在每一类有秩序的原因中把所有原因集中在 B，而且如果已经产生出所有比 B 更“接近”的结果，那么 A 确实不能通过所有这些原因而是，因为它既不是原因，也不是由所说的这些所引起的东西；没有 A，B 也不能是。因此，B 不能通过所有这些聚集的东西而是；因此，所有这些聚集在一起的东西整体上也不是 B 的原因：这是与 26
出发点相对立的。

关于第一种划分，我提出两个相似的结论。第一个结论：它的分支是相互区别的：

第十三个结论：并非每个被超过的东西本质地依赖于优先的东西。因此，第一种划分的第一个支并不必然导致第二个支。

前件的证明：比较优越的类较之不太优越的类是优先的，例如，对立的东西较之不太对立的东西是优先的；然而前者就后者而言，绝不是原因——这是归纳显然的——也不是一种比较近的被原因引起的东西，因为它们在这里并不作为具有本质次序的被原因引起的东西而涉及任何共同原因的原因性。因为如果这种原因性不能先引起优先的东西，它就不能引起被超过的东西，而这对于可能涉及的那些原因来说显然是假的，这是因为，如果从这种原因产生不太对立的东西，而且如果从任何原因也不产生比较优越的对立的东西，那么这两种东西就不是以任何这样一种原因关系（即在依赖的意义上）被排列的。

此外：如果一个优先的东西既不是与被超过的东西相关的原因，也不是这两个更近的被原因引起的东西的原因之一，那么被超过的东西就不是本质地依赖于它。从上面刚刚说明的（第十二个）结论看，这个（第十三个）推论是显然的。

尽管多余，我补充它的逆结论：

第十四个结论：并非每一个依赖者都被它所依赖的东西超过。

这是显然的：构成的整体依赖于质料，尽管它比质料完善得多。也许形式同样依赖于质料——这一点在第九个结论得到提
20 示，然而形式是更完善的，《形而上学》卷七是这样说的。[①] 甚至在有秩序的运动中，根据形成而在后的东西依赖于在先的东西，因为在先的东西是距二者原因更近的结果。然而《形而上学》卷九说，在后的东西是更完善的。[②]

第三，为了这个划分的完整性，我提出下面这个在亚里士多德的著作中完全可以看到的普遍的结论：

28 **第十五个结论：**如无必要，绝不设定多数。

因此，由于设定比上述两种秩序更多的原初的本质秩序是不

---

① Aristoteles, *Met*. Ⅶ *t*. *7* (c. 3, 1029 a 5).

② Aristoteles, *Met*. Ⅸ *t*. *5* (c. 8, 1050 a 4).

必要的，因此这两种秩序就是唯一的。这个普遍命题还表明，只有六种本质的秩序：这些秩序已经得到说明，再设定其他秩序显然是没有必要的。

对第一种划分的分支进行了一般的相互比较之后，现在我要对第一种秩序的在后的东西与第二种秩序的两种特殊的在后的东西进行特殊的比较；就是说，我要把被超过的东西与被作用的东西和确定了目的的东西进行比较。这里我提出如下一个结论：

第十六个结论：每一个确定了目的的东西都是一个被超过的东西。

这一点的证明是：目的是比向着目的的东西“更好”的。这一点的证明又是：目的作为被喜爱的东西使起作用的东西向被原因引起的东西运动。因此 A 不是不如 B 好，也不是与它相等；所以 A 是更好的。这个前提的第二部分的证明是：正像出于相同的理由，一个相同的东西将会运动一样，出于相同的理由它也将能够运动，因为它是同样值得被喜爱和追求的；因而它能够是它自己的目的因——与本章第一个结论相悖。由此出发应该得出，这个目的是同样好的。

此外：自然为一个目的而起作用，而且它就像艺术会摹仿自然那样起作用一样。但是在艺术事物[①]的目的中，艺术事物的认识

① artificialibus，泛指一切人工制成，而非天然固有的事物。拉丁文 *ars* 的含义远较现代西方语言中 art 为宽，它可指技艺、技巧、手段、才能等，不是现代意义上的艺术。——编注

原理被去掉了，结论涉及确定了目的的东西——根据《物理学》卷二。[①] 但是这个原理是更真的：因而实际上包含着真的那种目的就是比结论的主项更完善的。

人们会反对说：有的意志为了一种被喜爱的不太好的善引起某种东西；所以在这种情况下目的被超过。前提在每一种行为都是显然的，这种行为本身是善的，但是根据它为之而做出的目的却是恶的；因为它是由起作用的东西为一个目的排列的，而这个目的比它本身还要低下。

我的回答是：这个结论从本质上是“目的”的东西出发；这样有目的总是自然目的和有秩序（geordnet）的意志的目的。但是无秩序（ungeordnet）的意志的情况摧毁不了这个结论：这样一种情况并不是结果的第一原因。如果这样一种结果是由这样一种意志向着一种不太完善的目的排列的，那么它就由另一种更高的原因向着一种更完善的目的排列；因为不这样，它就根本不会处于一种秩序，像这个结论的证明所表明的那样。如果它如同由更高的东西产生那样有一个更完善的目的，那么它就有一个更完善的东西。因此每个确定了目的的东西都被某种东西超过，这种东西是它的目的，尽管不是它的“最近的”目的——这是这样的目的，它们是被喜爱的目的，为了它们，被排列的直接起作用的东西引起它。

人们也可以说，那个目的仅仅是在有限的意义上是它的目的。

① Aristoteles, *Phys.* II *t. 78* (c. 8, 199 a 8—15); t. 89—91 (c. 9, 200 a 15—b 4).

但是这是不能令人满意的：较低的原因所起的作用原因性毕竟也是作用原因性。因此，如果它完全不像被运动的东西那样起作用，比如像一根木棒——相应于这样一个东西没有任何专门的目的，因为它不是“真正的”起作用的东西，而只是“更近的被作用的东西”——如果我说它不仅那样起作用，那么它的目的也绝对是一个目的；因为每一个“真正的”起作用的东西都有一个“真正的”目的。

第三章

第一原理的三重首要性

32 我主上帝，你确实说过，你是第一的和最终的，你教导你的仆人通过理性来证明他以确切无疑的信念所把握的东西，即你是第一起作用的东西，第一优越的东西，以及最终的目的。

我们要从上述六种本质秩序选择三种：两种外在原因性秩序和一种优越性秩序。而且如果你同意的话，我们将证明，在这三种秩序中，只有一种本性是绝对第一的。但是我说一种本性，这是因为本章要说明的上述三种第一性不是关于一种性质独特或数目为一的本质（Washeir）或本性的，而是关于一种独一无二的本质或本性的。但是下面要谈到许多统一性。

第一个结论：在是者中有一种能起作用的本性。

这一点的说明如下：有一种可以被作用的东西（本性），所以也有一种能够起作用的东西。通过相关事物的本性，这个结论是显然的。前提的证明是：一旦有一种或然的东西（本性），它就可能由不是而是；所以它不是由自身而是，也不是由“不”而是——因为在这两种情况它都会从不是到是；因此有能够被另一事物作用的东西。另一方面，存在着可运动的和可变化的本性，因为可能有这样的情况，这些本性不具备一种它们有可能拥有的完善性；所以，处于运动结束的东西能够开始，因而能够被作用。

在这个结论和以下几个结论，我还可以根据现实活动提出如下补充：有一种起作用的本性，因为有一种被作用的东西，因为有一种开始是的东西，因为有一种处于一种运动结束时的和或然的东西。但是我更愿意提出关于可能事物的结论和前提。这是因为，如果承认那些关于现实活动的东西，那么也要承认那些关于可 34
能活动的东西；但是反过来不行。此外，那些关于现实活动的东西是或然的，即使不是完全明显的。这些关于可能活动的东西是必然的。前者与现存的是者有关，而后者可能真正与本质意义上的是者有关。这里由那个本质的存在说明了作用原因性，后面将要说明这种本质的存在。

第二个结论：有一种能够起作用的东西，它绝对是第一的，就是说，它不能是被作用的，也不能借助另一个东西而起作用。

这一点从第一个结论得到证明：有一种能够起作用的东西，它是 A。如果它以上述说明的方式是第一的，那么目的马上就会达到。如果不是这样，那么它就是一种在后的能够起作用的东西，因为它是能够被另一个东西作用的或是能够借助另一个东西而起作用的；如果否认这种否定，那么就要假定肯定。现在假定有这另一种东西，这种东西是 B。关于它的论证与关于 A 的论证方式相同：要么能够起作用的东西有一个无穷过程，在这些起作用的东西中，每一个与在先的相比都是第二位的，要么它将停在某个起作用的东西上，它没有比它在先的东西。无穷上升是不可能的。因此必须有一种统一性；因为对任何一个东西来说，如果它没有在先的东西，那么它就不是比在自身之后的东西在后的：因为第二章的第二个结论禁止原因的循环。

这里的反对意见是：根据从事哲学研究的人的观点，无穷上升是可能的，就像他们关于无限繁殖的生物所假定的那样，在这些生物中，任何东西都不会是第一的，每一个东西都将只是第二的；而且他们关于这一点的假定确实应该是没有循环的。我排除这种反对意见并且说，哲学家并不是在有本质秩序的原因那里，而仅仅是在有偶然秩序的原因那里假定一种无限性，比如从阿维森纳在《形而上学》卷六第五章的论述中可以看出这一点，他在那里谈到一种个体事物的无限性。[①]

然而，为了说明我们的目的，我要解释，什么是有本质秩序的原因，什么是有偶然秩序的原因。这里必须知道，谈论“真正的”原因和“偶然的”原因是一回事，谈论有真正或本质秩序的原因和有
36 偶然秩序的原因则是另一回事。因为在第一种情况下只有一种东西与一种东西的比较，即原因与被原因引起的东西的比较；“真正的”原因是这样一种原因，它根据自己的本性，而不是根据某种偶然的东西起原因作用。在第二种情况下有两种原因的相互比较，只要被原因引起的东西是从它们产生的。

有本质和真正秩序的原因与有偶然秩序的原因有三种区别。第一种区别是，在有“真正”秩序的原因中，第二个原因只要起原因

① Avicenna, *Met.* Ⅵ *c.* 5 (f. 94 rb-va); *cf. ib. c.* 2 (92 va).

作用,就依赖于第一个原因;在有偶然秩序的原因中却不是这样,尽管第二个原因可能以是的方式或以其他某种方式是依赖性的。第二种区别是,在有真正秩序的原因中有另一种确定的本质和秩序的原因性,因为更高的是更完善的;在有偶然秩序的原因中却不是这样。这种区别是从第一种区别得出来的;这是因为:任何原因在起原因作用的过程中都不本质地依赖于一种具有相同的本质规定性的原因,因为在某种东西起原因作用的过程中,一个具有一种本质规定性的东西就足够了。由此得出第三种区别,对于起原因作用的过程来说,要求必然同时有所有有本质秩序的原因,否则对于结果而言就会缺少一种真正的原因性;有偶然秩序的原因不是被同时要求的。

从这些区别出发,我们的目的得到如下说明:(A)有本质秩序的原因的无限性是不可能的,(B)有偶然秩序的原因的无限性是不可能的,除非假定这种情况基于有本质秩序的原因;因此对于有本质秩序的原因来说,无限性是根本不可能的。(C)即使否认了一种本质秩序,无限性也是不可能的。所以,在任何情况下都有一种绝对能起作用的第一的东西。

这里假定了三个命题。为了简要的缘故,第一个叫作 A,第二个叫作 B,第三个叫作 C。

它们的证明。首先证明 A:有本质秩序的被原因引起的东西的整体起原因作用;因而是由一个原因所引起的,这个原因不是这种整体的一部分;因为在那种情况下,这个原因就会是它本身:依赖物的整体确实是依赖性的,而且是不依赖于这种整体的任何部

分。此外,无限的有本质秩序的原因也会同时起作用——根据上述第三种区别;没有哲学家假定这个结果。第三,在先的东西是距
38 原理更近的——根据《形而上学》卷五;[①]所以,哪里没有原理,哪里就没有本质上在先的东西。第四,更高的东西在起原因作用的过程中是更完善的——根据第二种区别;所以,无限更高的东西也是无限更完善的,因而在起原因作用的过程中是无限完善的;所以它不是借助其他另一个东西起原因作用,这是因为,每个这样的东西以一种不完善的方式起原因作用,因为它在起原因作用的过程中是依赖性的。第五,“能够起作用”的东西并不必然说明不完善性——正如从第二章第八个结论显然可以看出的那样;所以它在本性意义上不是不完善的。但是如果它在任何本性上对在先的东西都不是不依赖的,那么它在任何本性上都不是并非不完善的。所以,没有依赖性的起原因作用的能力能够是一种本性内在固有的。这种本性就是绝对第一的。所以一种绝对第一的能够起原因作用的能力是可能的。这是充分的,因为下面将由此得出,这种能力是现实的。从这五条理由出发,命题 A 是显然的。

B 的证明是:如果假定一种偶然的无限性不是显然同时的,而只是依次先后相继的,那么处于第二的东西尽管以某种方式来自在先的东西,在起原因作用的过程中也不依赖于在先的东西。因为即使当在先的东西不再存在时,它也能起原因作用,一如儿子繁殖后代在父亲去世以后和父亲在世的时候是一样的。这样一种无

① Aristoteles, *Met. V, t. 16* (c. 11,1018 b 9—11).

限的依次相继是不可能的，除非依赖于一种无限持续的本性，而全部依次相继的过程及其每一个分子都依赖于这种本性。任何形式变化都不是永久的，除非依靠某种有持续能力的东西，而这种东西又不是依次相继序列中的任何分子，因为依次相继序列的所有分子都具有相同的确定性；但是形式变化是某种本质上在先的东西，因为依次相继序列的每一个分子都依赖于它，而且这处于一种不同的秩序（正如它依赖于最近的原因），这种秩序是那种依次相继序列的一个分子。所以命题B是显然的。

C的证明是：根据第一个结论，有一种能够起原因作用的本
性。如果能够起原因作用的东西的一种本质秩序被否定了，那么
这种能够起原因作用的东西就不借助任何其他东西起原因作用；
而且即使能够假定它是在某个个别情况被原因引起的，那么它在
一个情况也确实是不被原因引起的，而这是我们关于第一本性的
目的。因为如果在每一种情况下都假定它是被原因引起的，那么
这就已经包含了一种对否定本质秩序的反驳；因为任何本性都不 40
能被假定是在任何情况下被原因引起的，所以一种本性背后是一
种偶然的秩序，同时一种本质秩序也不必是另一种本性的依
据——根据B。

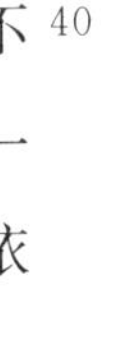

第三个结论：绝对第一的能够起原因作用的东西是不能被原因引起的，因为它是不能被作用的和能够独立起原因作用的。

从第二个结论看这是显然的：如果它能够被另一个东西作用或者能够借助另一个东西起原因作用，那么就有一个无限过程或

一种循环，或者就有在一个不能被作用的东西和能够独立起原因作用的东西上的停止。我称这是第一的东西，而且根据承认的东西，显然其他任何东西都不是第一的东西。

进一步的推论是：如果第一的东西是不能被作用的，那么它也是不能被原因引起的；因为在这种情况下它不是通过一个目的可确定的——根据第二章第五个结论；它也不是在质料上可确定的——根据同一章第六个结论；它也不是通过形式可确定的——根据那里的第七个结论；它也不是通过形式和质料一起可确定的——根据那里的第八个结论。

第四个结论：绝对第一的能够起原因作用的东西是现实存在的，而一种现实存在的本性是能够以这种方式起原因作用的。

这一点的证明是：对于一个东西而言，如果与它的本质相矛盾，它能够由另一个东西而是，那么如果这个东西能够是，它就能够由自身而是。这与绝对第一的能够起原因作用的东西的本质相矛盾，能够由另一个东西而是——根据第三个结论；而且它能够是——根据第二个结论。A 的似乎不太合理的第五个证明恰恰包含这一点；其他证明可以与存在相联系，因而属于或然的然而是显然的命题；或者它们与本性、本质和可能性相联系，因而得自必然的东西。所以，绝对第一的能够起原因作用的东西能够由自身而是。什么东西不由自身而是，就不能够由自身而是；因为在这种条件下，不是者就会产生出某种东西，而这是不可能的。此外，在这种条件下，这种东西就会作为原因引起自身，因而会是并非完全不能被原因引起的。

对于这第四个结论，以另一种方式的解释如下：宇宙缺少最高可能的是之层次，这是令人难以接受的。

应该注意对这第四个结论的一个补充说明：第一的能够起原因作用的东西不仅是某种比其他东西在先的东西，而且它包含着 42
一个矛盾：某种东西应该是在先的；所以鉴于它是在先的，它就是存在的。这一点的证明如同第四个结论：因为就这种东西的概念本质而言，它首先包含着不能被原因引起的东西。所以，如果它能够是，因为它与是者性质不矛盾，那么它就能够由自身而是，因而它由自身而是。

第五个结论：不能被原因引起的东西是由自身必然是。[①]

这一点的证明是：着眼于它的是，它排除每一种与它自身不同的原因，包括内在的和外在的，因而它由自身不可能不是。

证明：某种东西只有在下面的条件下才能不是，即一种主动或缺失的与它不相容的东西能够是；因为在两个矛盾的对立物中，总有一个是真的。任何——主动的或缺失的——与不能被原因引起的东西不相容的东西都不能是。它要么由自身而是，要么由另一个东西而是：事实不是第一种情况，因为在这种情况下，它就会由自身而是（根据第四个结论），而这样一来，不相容的东西就会同时是；由于同样的原因，任何东西都不会是，因为根据那种不相容的东西应该承认，不能被原因引起的东西不是，而且反过来也得出这

① “必然是”一词的拉丁文原文是 necesse esse，德译文是 Notwendigsein。德文把“是必然的”译为名词形式。考虑到行文的方便，本文采用了德文的译法。——译注

个结论。事实不是第二种情况，因为与不能被原因引起的东西所具有的由自身而是相比，任何被原因引起的东西所具有的由其原因而是都不是更强和更有力的；因为被原因引起的东西依赖于是，而不能被原因引起的东西不依赖于是（能被原因引起的东西能够是的可能性也不使它现实的是成为必然的，如同在不能被原因引起的东西的情况那样）；但是凡是与一个已经是的东西不相容的，只有在下面的情况才能由原因而是，即它从原因得到一种是，这种是比与它不相容的东西的是是更强和更有力的。

第六个结论：由自身而是的必然性只属于唯一一种本性。

这一点的证明如下：如果两种本性能够是由"自身必然是"，那么对于它们来说，是之必然性就是共同的；由此也有一种本质的是者性质，基于这种性质，它们才有这种共同的东西；它们的属同样是由此得到的，此外，它们通过它们最终现实的形式确定性得到区别。

由此得出两种不相容的结果：首先，这两种原初的必然是各自通过这种具有较小现实性的共同本性而是，而不是通过这种具有
44 较大现实性的进行区别的本性而是；因为如果它们各自也会通过那种作为形式确定的进行区别的本性而必然是，那么它们各自就会是两度必然是，因为那种作为形式确定的进行区别的本性不包含这种共同的本性，就像类差也不包含属一样。但是下面的情况似乎是不可能的：较小的现实性是这样的，通过它某物是原初必然的，而某物通过较大的现实性既不是原初的，也不是真正必然的。

第二种不可能的情况是：根据假定，这两种原初的必然是依其

共同本性，各个是原初的必然是，但是通过这种共同本性，它们各个都不会是必然是；因为它们各个通过这种本性都不是充分的。因为通过最终的形式确定，每一种本性就是该本性所是。但是，某种东西无论通过什么而是必然是，同样也就通过这种东西而是现实的，不管其他东西怎样。

如果人们说，不用考虑进行区别的本性，这种共同本性对于是乃是充分的，那么这种共同本性自身就是现实的，而且是不被区别的，因而也是不能被区别的；因为一种已经存在的必然是不再是绝对潜在的是；属在类中的是乃是与类相联系的绝对的是。

此外：两种处于同类的本性具有不同的程度。这将借助类差得到证明。类差划分属：如果类差不相等，那么一事物的是比另一事物的是就是更完善的；然而任何是也不比由自身必然是是更完善的。

此外：如果两种本性是“由自身必然是”，那么一种本性的是与另一种本性的是就会没有任何依赖关系；因而它们之间也没有本质秩序。所以，这两种本性之一会不属于这个宇宙；这是因为，由于宇宙的统一性来自部分的秩序，所以任何没有是者中的本质秩序的东西都不属于宇宙。

在此反对意见是：这两种本性各个与宇宙的部分有一种优先秩序；这些部分足以形成统一性。与此相反：一种本性与另一种本性甚至没有这种秩序，因为占有优先性的本性是更完善的是；但是任何东西也不比由自身必然是是更完善的。这两种本性之一与宇
宙的部分也没有任何秩序；由于一个宇宙只有一种秩序，因此只有 46

一种与一个第一的东西有关的秩序。证明:如果假定两种第一本性,那么与第一本性最接近的本性与它们就不只有一种唯一的秩序或唯一的依赖性,而是有两种秩序或依赖性,如同确实有两个关系点一样;对于每一种更低秩序的本性同样是这样。所以,在整个宇宙中就会有两种原初的秩序,因而有两个宇宙,或者说,仅仅有一种与一种必然是相关的秩序,而没有任何与其他情况相关的秩序。

然而,在进行论证的程序中似乎不允许假定宇宙中的任何东西是这样的,除非它表现出一种必然性,而且一种与其他是者的秩序明确地表明了它的是者性质;因为在没有必然性的条件下,多是不能被假定的——根据《物理学》卷一。[①] 必然是在宇宙中是由不被原因引起的东西表明的,而不被原因引起的东西是由第一的起原因作用的东西表明的,而第一的起原因作用的东西又是由被原因引起的东西表明的。从被原因引起的东西似乎确实不能必然地假定有许多起原因作用的第一本性;这其实是不可能的,如同下面在本章第十五个结论将表明的那样。所以,人们也没有必要根据本性假定有多个不被原因引起的东西和多个必然是。

相应于本章前四个关于能够起原因作用的东西的结论,我提出四个类似的关于目的因的结论,这些结论也以类似的方式得到说明。第一个结论是:

① Aristoteles, *Phys. I, t. 49* (c. 4, 188 a 17).

第七个结论：在是者中有一种能够作为目的而起规定作用的本性。

这一点的证明是：存在某种通过一个目的可确定的东西。证明：存在一个可被作用的东西——根据本章第一个结论的证明；所以也存在某种通过一个目的可确定的东西。根据第二章第四个结论，这个结论是显然的。从本质秩序考虑——根据第二章第十六个结论，较之上面从能够起原因作用的东西考虑，这一点是更明显的。

第八个结论：一个能够作为目的而起规定作用的东西是绝对第一的东西，这就是说，它既不能向着另一个东西有秩序地排列，也不能借助另一个东西来规定其他东西。

这将通过五个与对第三章第二个结论的证明相似的证明来证明。

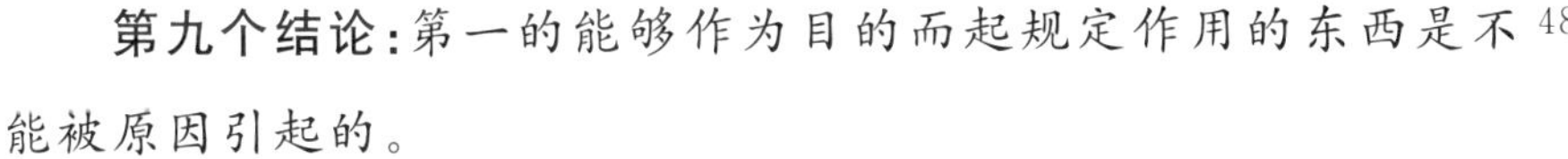

第九个结论：第一的能够作为目的而起规定作用的东西是不 48
能被原因引起的。

这一点的证明是：它不是通过一个目的可规定的；否则它就不会是第一的。此外，所以它是不能被作用的——根据第二章第四个结论；此外，如同第三章第三个结论的证明一样。

第十个结论：第一的能够作为目的而起规定作用的东西是现实存在的，而且这种第一性属于一种现实存在的本性。

这一点的证明如同第三章第四个结论的证明。补充说明：它是第一的，因为一个在先的东西是不可能的。这里的证明如同上述第四个结论的补充说明。

说明了与外在原因性的两种秩序有关的四个结论以后，我提出与优先性秩序有关的四个相似的结论。第一个结论是：

第十一个结论：在是者的本性中有一种超越性的东西。

这一点的证明是：有一个通过一个目的规定的东西——根据本章第七个结论；所有也有一个被超越的东西——根据第二章第十六个结论。

第十二个结论：有一种占有优先地位的本性，它根据完善性是绝对第一的。

这从本质秩序看是显然的：根据亚里士多德，形式像数一样——《形而上学》卷八。[①] 在这个秩序中有一个停顿：这一点要以对第二个结论提出的五个证明来证明。

第十三个结论：最高的本性是不能被原因引起的。

这一点的证明是：它不是通过一个目的可规定的——根据第二章第十六个结论；因而是不能被原因引起的——根据同一章第四个结论；此外，如同本章上面第三个结论的证明。

此外：最高的本性是不能被引起的，这一点由（本章第二个结论的证明中的）B 得到证明；因为每个能被原因引起的东西都有一个有本质秩序的原因。

第十四个结论：最高的本性是一个现实存在的东西。

这一点的证明如同本章第四个结论。补充说明：另一个东西比它更完善、更高，这一点包含一个矛盾；它的证明如同上述第四个结论的补充说明一样。

---

① Aristoteles, *Met.* Ⅷ, *t. 10* (c. 3 1043 b 33).

第十五个结论：一种唯一现实存在的本性包含有上述三重本 50
质秩序——作用原因性秩序、目的秩序和优先性秩序——的三重第一性。

这第十五个结论是本章的成果。它显然是从以上论述如下得到的：如果一种唯一的本性含有那种由自身必然是——根据本章第六个结论——，而且如果那种含有上述三重秩序的第一性的东西就是那种由自身必然是——关于一种第一性，根据第五和第三个结论；关于另一种第一性，根据第五和第九个结论；关于第三种第一性，根据第五和第十三个结论——，那么一种唯一的本性就总是包含有上述一种第一性。此外，每一种含有一种第一性的本性也含有另一种本性；因为每一种第一性实际上都是在一种本性中——根据第四、第十和第十四个结论——而不是在不同的本性中；所以它是在唯一一种本性中。小前提的证明是：否则，许多本性就会是必然是——根据上述论证中的第二个命题。

此外：这个命题通过不能被原因引起的东西得到证明，因为这种东西是唯一第一的；上述第一个东西都是不能被原因引起的；因而，……，等等。大前提的证明是：多数如何会由自身而形成呢？

这个结论是非常富有成果的，因为它实际上包含六个结论，三个结论是关于含有上述第一性的本性的统一性的，三个结论是关于一种本性与另一种本性的同一性的，方式是对第一性进行相互比较。而且这个富有成果的结论以第六个结论作大前提，并且只通过它得到证明。对于上述六个结论来说，有利的情况是表达其自己的大前提，如果能发现这些大前提的话。

为了说明前两个结论，我提出一个结论作前提：

第十六个结论：同一种东西以某种方式本质地依赖于两种东西，以致它对它们各自的依赖性是完全的，这是不可能的。

这个结论的证明是：如果一种完全的原因在某种确定的原因属中引起某种东西，那么另一种原因就不可能在相同的原因属中
52 引起相同的东西——因为在这种情况下，就会两次引起相同的东西，或者这两次都不是完全的原因；在这种情况下，这样一种东西也会起原因作用，即使没有它起原因作用，也会形成被原因引起的东西——而这是荒谬的。正因为如此，同一种东西不可能以任何一种方式依赖于两种东西，如果其中一种东西完全规定它的依赖性的话。因为如果依赖者还依赖于其他东西，那么这一种东西就不会起到充分的决定作用。在这种情况下，依赖者同样会依赖于某种东西，即使没有这种东西的存在，依赖者仍然会存在，而且在相同的是的秩序中；然而，假定它会在相同的秩序中，这与依赖性的本质是相悖的。

说明这个结论以后，我现在还要阐述在第十五个结论中包含的前几个结论：

第十七个结论：处于一种说明情境中的外在原因的第一性分别只在一种本性之中。

这一点的证明是：如果这样一种第一性在多种本性之中，那么它要么是与相同的在后的东西相关的，要么是与其他东西相关的。不会是第一种情况——根据前面提出的第十六个结论；同样，在每

一个在后的东西都会有两种处于相同说明情境的依赖性，因为与两个第一的东西相关的不是一种依赖性。这个结果是无益的。（人们也不能假定第二种情况。）因为如果对于其他东西有一种其他第一的东西，那么这些东西属于另一个宇宙；因为那些东西和这些东西既不相互依次排列，也不向着相同的东西排列。没有秩序的统一性，就没有宇宙的统一性。亚里士多德确立宇宙的根本的善为一个目的。[1] 而且由于向着一个最高的目的有一种秩序，因此对我来说，只谈论这个宇宙就足够了，用不着去臆想另一个我提不出理由，也许充其量只提出反对理由的宇宙。

此外要提出可能性证明：在一种本质秩序中，作出向统一性和更少数量的上升；所以在一停下来。

此外：原因越高，它的原因性扩展的范围就愈广；所以，愈向高走，必须的东西也就愈少了；所以，……，等等。这个论证说明了前一个论证。

此外，在优先的第一的东西似乎可以明显看出：如果两种本性 54
不可能以这样一种方式排列，以致一种本性不超过另一种本性——因为这里它们被比作数了，那么两种本性就更不可能处于相同的第一层次。

此外，在目的也是如此：因为在这种情况下，任何目的都不能使所有与它不同的东西静止下来；由于这是不可思议的，因此结论同前。

① Aristoteles, *Met*. Ⅻ, *t*. 52 (c. 10, 1075 a 18).

此外:否则,任何本性实际上也不会包含其他每一种本性的完善性;由于这样的考虑不可能是没有矛盾的,因此任何本性都不会是最完善的东西。

对其他三个结论同样有特殊的证明。因为:

第十八个结论:第一的能够起原因作用的东西是最现实的东西,因为它实际上包含着所有可能的现实性。第一目的是最好的东西,因为它实际上包含着所有可能的善。第一优先的东西是最完善的东西,因为它最优先地包含着所有可能的完善性。

这三点不能相互分开;因为如果其中一点在一种本性中,另一点在另一种本性中,那么就无法说明它们谁是绝对优越的。因此,这三种第一性似乎表达了最高的善的三种必然相互交织的本质规定性:这是最高的可传达性,最高的可爱性和最高的完满性或完整性。因为"善的"和"完善的"是相同的,根据《形而上学》卷五;[①]"完善的"和"完整的"是相同的,根据《物理学》卷三。[②] 但是关于善可以看出,它是"值得追求的"东西,根据《伦理学》卷一;[③]并且是"愿意被分享的"东西,根据阿维森纳,《形而上学》卷六。[④] 因为除非慷慨地分享,否则任何东西也不会以更完善的方式分享,而且这真正属于最高的善;因为从分享不期待得到任何回报,而这是真

① Aristoteles, *Met.* Ⅴ, *t. 21* (c. 16, 1021 b 18—20).

② Aristoteles, *Phys.* Ⅲ, *t. 64* (c. 6, 207 a 13).

③ Aristoteles, *Eth. Nic.* Ⅰ, *c. 1* (1094 a 3).

④ Avicenna, *Met.* Ⅵ, *c. 5* (95 va).

正的慷慨，根据阿维森纳，同上书第五章。[1]

第十九个结论：一种唯一存在的本性是上述三重秩序中第一的，即与其他每一种本性相比是第一的，因而其他每一种本性较之这种第一的本性是以这三重方式在后的。

一个大胆的反对者可能会主张第十五个结论并且同时断言，除了那种本性外，还有许多种本性，这些本性尽管在这种意义上不 56
是第一的，却也不是在上述一种次序中比那种第一本性在后的，或者，它们尽管不是在每一种秩序中，而只是在优先性秩序中或在优先性和目的秩序中在后的，它们却不是在作用原因性秩序中在后的；所以有人断言，这是亚里士多德关于那种排在第一理智之后的理智，也许还关于第一质料的观点。尽管从以上论述可能会反驳这一点，但是解释它对我们是有帮助的。

首先，从第六个结论可以反驳它：如果由自身必然是是只在一种本性之中的，如果任何总不是在后的东西——这三种秩序的任何一种都没有这种在后的性质——都是由自身必然是，那么这种唯一的本性就不是在任何一种在后的意义上在后的；所以在这种三重意义上，其他每一种本性都是在后的。从本章第三、第九和第十二个结论看，这个论证的第二个命题是显然的；以此它们分别与本章第六个结论联系起来。

其次，以特殊方式的证明是：凡不是一个目的也不向着一个目

① Avicenna, *ib*.

的的东西就是徒劳的;但是在是者中,任何东西都不是徒劳的;所以每一种不是第一目的的本性都是向着一个目的的;而且如果向着一个目的,那么就向着那个第一目的——根据第二章第三个结论。

对于优先的东西也是如此:凡不是最高的和不被一个事物超过的东西就没有等级;因而它什么也不是;所以所有不是最高的东西就是被其他某个东西超过的;所以它是被最高的东西超过的——根据第二章第三个结论。

由此说明被否定的作用原因性:每一个东西都是第一目的或确定了目的的——同上述;所以每一个东西都是第一起作用的或被作用的,因为这个析取式的分支与前一个析取式的分支是可交换的。关于是在后的东西,从第二章第四和第五个结论看是显然的,关于第一的东西,从下面提出的结论看是显然的。

对于优先性也是如此:如果每一种东西都是最高的或被最高
58 的东西超越的,那么它就是第一起作用的东西或一种被作用的东西,因为这些分支也是可被替换的——根据第二章最后两个结论,以及本章第十五个结论。

此外,假定一个没有任何秩序的是者则是最违反理性的,就像在本章对第六个结论的第二种说明中以及对第十七个结论的证明中以某种方式已经表明的那样。

确实,主啊,你以智慧安排了所有事物,所以对每一种理智来说,每一个是者都是有秩序的东西,这似乎是有道理的。因此,对于从事哲学研究的人来说,去掉某种东西的秩序是不可思议的。

从"每一个是者都是有秩序的"这个全称命题得出，并非每一个是者都是一个在后的东西，而且并非每一个是者都是一个在先的东西；因为在这两种情况下，都会有同一种东西向自身排列，或者必然假定一种秩序的循环。所以，正是一个是者是在先的，而不是在后的，因而是第一的；而且正是一个是者是在后的，而不是在先的；但是任何既不在先也不在后的东西就不是。你是那唯一第一的，每一个与你不同的东西与你相比都是在后的，正像我依自己的能力关于三重秩序作出说明的那样。

第四章

论第一是者的简单性、无限性和精神性

60 我主上帝，关于你那独一无二的、真正的第一本性，如果你同意的话，我愿意以某种方式说明我坚信不移的它所具有的完善性。我相信，你是简单的、无限的、智慧的和有愿望的；由于我不愿意陷入循环证明之中，因此我预先就简单性提出几点首先能够被证明的情况；关于简单性的其他情况应该待到能够证明它们的地方去解决。

所以本章要说明的第一个结论如下：

第一个结论：第一本性自身是简单的。

我说“自身”，因为我在这里只论及本质的简单性，这种简单性绝对排除本质的复合构成。

这一点的证明如下：第一本性不是被原因引起的——根据第三章第三个结论；所以它没有质料和形式作本质部分。此外，它也没有这样的完善性：它们是不同的，以某种方式在事物方面做出区别的，由它们又会得出种属区别的概念形态。这通过第三章第六个结论的第一个证明得到证明：要么，这些完善性之一根据其专门的本质性质会是这样一种东西，通过它整体会是原初的必然是，而另一种完善性既不会是原初的，也不会是专门的——在这种情况

下，只要这另一种完善性本质地包含在整体之中，整体就不会是必然是，因为它在形式上包含一种不必然的东西；要么，如果整体通过这两种现实性会是原初的必然是，那么它就会是双重的必然是，并且会有一种原初的、本质上谁也不会包含谁的双重的是。双方中的任何一方同样不会是另一方，因为如果双方中的任何一方都原初地产生必然是，那么从它们就不会产生一。这是因为双方中的任何一方都会是终极的现实性，所以要么没有同一的东西来自它们，要么它们之间没有区别，所以它们不会是双方中的任何 62
一方。

补充说明：第一本性不在一个属中；从以上证明看，这是显然的。还可以如下证明它：处于一个属中的一种本性通过定义被完全表达出来，而在定义中，属和种差表达的绝不是相同的，否则它们就会是没有用处的重复；在这样一种本性中可以看到对立的东西。

在此反对意见是：如果一个必然的东西只通过两种同样存在的现实性之一才能够是，因而另一种现实性不是一种必然的东西——否则相同的东西就会是双重的必然是，那么就会得出，任何根据形式意义而被区别的东西都不能被假定为在必然是中，因而本质和关系也不能被假定为在神圣的人中。这个结论是假的；所以第一个证明是错误的。对第二个证明可以提出同样的反驳：要么双方都会是终极的现实性，要么其中一方不是一种必然的东西。

我的回答是：凡总是根据形式的本质规定性所区别的东西，如果它们像活动和潜能或像下面两个原理那样是复合构成的，即适于使同一事物成为现实的，那么如果一个是无限的，则它由于同一而包含另一个，而且它确实包含另一个；否则，无限的东西本身就会是复合构成的，而这一点根据本章第九个结论被反驳。但是如果它是有限的，那么它由于同一就不包含那种原初根据形式的本质规定性而是不同的东西；因为这样一种有限的东西是可通过那种东西而完善的，或能以它复合构成的。所以，如果人们假定必然是是具有两种现实性的，哪一种现实性也不通过同一而包含另一种现实性——这是一种复合构成所要求的——那么就得出，这另一种现实性不会是必然是，既不会通过其形式规定性而是必然是，也不会根据其同一性而是必然是，或者，整体会是双重的必然是；因此这两个证明都成立。

关于神圣的人的情况是微不足道的；因为这两种现实性不形成任何复合构成，但是一种现实性由于同一性而是另一种现实性，因为一种现实性是无限的。如果人们反对说："这样我就要说，复
64 合构成处于必然是，而且两种现实性也处于必然是，但是其中一种必然性是无限的"，那么人们就会有两点矛盾：第一点矛盾是因为，无限的东西不是能像一部分与另一个现实性那样复合构成的，这是因为部分小于整体；第二点矛盾是因为，根据复合构成的假定，任何现实性都不通过同一性而是另一种现实性；在这种情况下，这两个证明是有效的。

第二个结论：凡对于最高的本性而言总是内在的东西，就是在最高的意义上实际所是的东西。

这一点的证明是：根据上一个结论，由于本性的简单性，它与

那种本性是完全同一的；所以，正像那种本性是最高意义上的本性一样，那种本性是在最高意义上实际所是的东西，因为它是与它同一的；否则，如果根据这种本性之所是可以把它看作是能被超过的，那么也就可以根据它之所是而把它看作是能被超过的，而它之所是与那种内在的东西之所是是同一的。

第三个结论：每一种绝对的完善性都必然地并且在最高的意义上是最高本性内在的。

所谓绝对的完善性是这样的东西，它在任何一个事物中都比并非这样的东西[①]是更好的。[②]

这种描述似乎不说明什么。因为如果把它理解为肯定和否定，那么：肯定本身并不比它的否定更好——在它自身和在所有东西中，如果它能够在它之中。但是如果不仅在自身而且在所有东西中理解它，如果它能够是它内在的，而且在任何东西中绝对地理解它，那么它就是假的：智慧在狗中不是更好的，因为任何东西在与自己不相容的事物中都不是好的。

我的回答是：这是一种著名的描述。对它应该如下说明："比并非这样的东西是更好"，即比任何可能与它不相容的肯定的东西更好，这样的东西包含着"并非这样的东西"。因此我说，它"在任何一个事物中"——不是"对于任何事物"，而是"在任何一个事物

① "并非这样的东西"的拉丁文原文是 non ipsum，德译文是 Nicht-solches，英译文是 not-it。——译注

② Anselmus Cant.，*Monologion c. 15*（ed. F. S. Schmitt，Opera Omnia Ⅰ，p. 28—29）.

中”——是更好的，而且会是由它自身而成的；由于它不能是内在于与它不相容的东西的，因而它是比它更好的。所以简要地说，绝对完善性是这样一种东西，它是绝对的，并且就其本身来说比所有与它不相容的东西是更好的；这样这种东西被解释为“在所有与并
66 非这样的东西不同的事物中”，就是说，所有不是“这样的东西”。除此以外，我认为这个描述是有效的；我接受第一部分，这是显然的。而且必须在专门谓述表达的意义上理解相关的不相容，因为这一点通常都是这样解释的。

我证明在这种意义上理解的第三个结论：一种绝对完善性对所有与它不相容的东西都有一种根据等级排列的秩序，不是在被超过的意义上——根据表述——而是在优先的意义上。所以，它要么与最高本性是不相容的并且因此超过它，要么与它是相容的，并且因此能够是内在于它的，并且因而处于最高的程度；因为如果它与某物是不相容的，那么它与它就是不相容的。它是内在于它的，就像它与它是相容的一样。但是它不是作为一种或然的偶然性而是它内在的；所以要么作为与它同一的，要么至少作为专门的性质；由此人们达到证明的目的：它必然是内在的。

但是，我证明，它不是以或然的方式作为偶然性而偶然内在的，因为每一种不与必然性相矛盾的完善性，它所必然具备的东西比它所或然具备的东西更完善。必然性不与绝对的完善性相矛盾；因为如果这样，那么一种与它不相容的东西，即那种是必然的或能够是必然的东西，就会超过它。但是任何东西也不能比第一本性更完善地具有绝对的完善性——根据本章第二个结论；所

以……，等等。

为了探讨无限性和其他关于简单性所提出的东西，我要首先探讨理智和意志，因为这是后面讨论的前提。第一个结论如下：

第四个结论：第一起作用的东西是有理智有意志的。

这个结论的证明是：第一起作用的东西是一种“真正”起作用的东西，因为在每一个偶然原因之前，都有一个在先的东西，它是真正的原因，根据《物理学》卷二；[①]每一个真正起作用的东西都为了一个目的而起作用。

由此出发可以以两种方式证明。首先以下述方式证明：每一个在严格意义上被考虑的自然起作用的东西，都会以必然的和类似的方式起作用，如果它不是为了任何目的而起作用的话，在这种情况下它会是一个独立起作用的东西。所以，如果它仅仅是为了一个目的而起作用，那么这是因为它依赖于一个喜爱这个目的的起作用的东西；所以……，等等。

其次以下述方式证明：如果第一起作用的东西为了一个目的 68
而起作用，那么这个目的把第一起作用的东西要么作为一个被一种意志行为所喜爱的东西来推动（这样被证明的结论就是显然的），要么仅仅作为一个自然被喜爱的东西来推动。后者是假的：因为它不是自然地喜爱一个与它自身不同的目的——如同重物喜爱中心，质料喜爱形式一样；在这种情况下，它就会以任何一种方式“向着一个目的”，因为它趋向于这个目的。但是如果它仅仅自

① Aristoteles, *Phys.* II, *t.* 66 (c. 6, 198 a 7—9).

然地喜爱是它自身的那个目的，那么这不过是说，它就是它自身；就是说，原因的双重意义对它是不适宜的。

此外：第一起作用的东西把它的结果导向一个目的；所以它要么自然地要么以此而喜爱这种目的。第一起作用的东西不是这样的情况；因为凡是没有认识能力的东西都只有借助有认识能力的东西才能起引起作用——最初的秩序就是指点的问题。第一起作用的东西决不借助其他任何东西起引导作用，就像它也不借助其他任何东西起原因作用一样。

第三：有被或然地引起的东西；所以第一原因或然地起原因作用；因而它自愿地起原因作用。第一个结论的证明是：每个第二原因在被第一原因推动的意义上起原因作用；所以，如果第一原因必然地起推动作用，那么每一个东西必然被推动，并且每一个东西必然被引起。第二个结论的证明是：没有与意志或伴随意志的东西不同的或然起作用的原理；因为其他每一个原因都由本性的必然性起作用，所以不是或然地起作用。

对这第一个结果人们会反对说，我们的意志活动可能会总是或然地引起一些东西。此外：涉及对上帝意志活动的理解时，哲学大师[①]承认前件并否认后件；他假定或然性是运动所产生的更低范围内的东西，只要运动是一致的，它就是必然地被引起的；然而从运动的部分会产生不一致性，因此也就产生或然性。对第二个

① 在中世纪学者的著作中，人们以大写字母开始的 Philosophus（即“哲学家”）表示亚里士多德，德译文加定冠词表示，即 der Philosoph，英译文加定冠词并大写，即 the Philosopher。为了表示这一点，本书译为“哲学大师”。——译注

结果的反驳是：某些被推动的东西能够被阻止，因此对立的东西能够或然地产生出来。

回答第一种反对意见。如果有一种与我们的意志相关的第一起作用的东西，那么关于其他情况有什么结果，关于我们的意志情况就有什么结果；这是因为，如果第一起作用的东西能够必然地直 70
接推动我们的意志，如果它能够直接推动另一个东西并且必然地推动每一个必然被推动的东西——因为它推动的根据是它被推动——，那么最终一个最近的东西必然推动意志。因此这种意志将必然有意志活动，而且它将是一种必然的意志活动。此外还有下面不可能的结果：第一起作用的东西必然引起通过意志活动所引起的东西。

回答第二种反对意见：我在这里不是称任何不必然的和不永久的东西为或然的，而是称如下的东西为或然的：如果它出现，那么它对立的东西也可能会出现。因此我说过“有或然地被引起的东西”，而没有说过“有是或然的东西”。现在我说，哲学大师不能通过运动来否认这个结果而保留这个前提；因为如果整个运动是从它的原因产生的，那么当它被原因引起时，它的每一部分也必然被原因引起，就是说，必不可免地被原因引起，因而在这种情况下，对立的东西不可能被原因引起。此外：任何总是通过运动的一部分而被原因引起的东西，就是必然地，即必不可免地被原因引起的东西。所以，要么任何东西都不是或然地发生的，要么第一的东西以某种方式起原因作用，而且是直接地起原因作用，即它也可能会不起原因作用。

回答第三种反对意见：如果另一种原因能够阻碍这个原因，那么它就能借助一个更高的原因起阻碍作用，如此直到第一原因；如果这个第一原因必然推动对它直接的那个原因，那么直到这个起阻碍作用的原因，这整个秩序中就有一种必然性；所以它必然地起阻碍作用；所以任何其他原因都不能或然地引起被原因引起的东西。

第四，这个结论的证明是：是者中有恶的东西；所以第一起作用的东西或然地起原因作用；于是和前面一样。后件的证明：一个出于自然必然性而起作用的东西根据其潜能的最终极的东西起作用，因而对所有能够由它产生的完善性起作用。如果第一的东西必然起作用，并且因而其他所有起作用的东西也必然起作用——如同以上证明的那样，那么就得出，原因的共同秩序在这种情况下就引起它们在这种情况下可能引起的任何东西。所以不缺少任何能够在这种情况下由所有起作用的原因所产生的完善性；所以不
72 缺少任何能够被接受的完善性；所以在这种情况下就没有任何恶性。这些结果是显然的，因为在这种情况下能够接受的每一种完善性都是能由一种原因或由所有有秩序的原因引起的。最后这个结果从恶的东西的意义内容看是显然的，而这个证明对于自然界中的失误是合理的，对于道德生活中的过失也是合理的。

人们可能会说："质料不服从。"这不说明什么；一个强有力的起原因作用的东西会使不服从的东西屈服。

第五，这个结论的证明是：有生命的东西比任何没有生命的东西都更好，而在有生命的东西中，有理解能力的东西比任何没有理解能力的东西都更好。

有些人根据以上说明的第三个结论以第六种方式证明这个结论,因为理解、意志活动、智慧、爱都是绝对的完善性,而且他们假定这是显然的。

但是看不出,为什么能够得出它们是这些东西的绝对完善性,而不是第一天使的本性的第一完善性。因为,如果人们以名词表达来理解智慧,那么它就是比所有与它在名词表达上不相容的东西更好的,而且人们还没有证明第一起作用的东西是聪明的。我要说,人们预先假定了被证明的东西。人们只不过能够认为,聪明的是比不聪明的更好的,但是排除了第一起作用的东西。以这种方式,第一天使比除上帝以外的任何在名词表达的意义上理解的与天使不相容的是者都是更好的;确实,抽象地理解,第一天使的本质能够是绝对比智慧更好的。

人们可能会说:"这与许多东西是矛盾的;因此并非对每一个事物来说,这都是在名词表达的意义上比对立的东西更好的。"我的回答是:在名词表达的意义上理解,智慧也不是对于任何事物来说是更好的;它与许多东西是矛盾的。

人们可能会说:"如果它能够是任何事物的内在的,那么它确实会对于任何事物来说是更好的。"我的回答是:对于第一天使也是如此;如果它能够是一只狗,那么它会是更好的,而且如果一只狗能够是第一天使,那么它对于这只狗来说就会是更好的。

人们可能会说:"然而这破坏了狗的本性;所以对于狗是不好的。"我的回答是:聪明的同样也破坏了它的本性。这里没有任何区别,只不过是,天使作为同一种属的本性起破坏作用,而聪明的

74 作为另一种不相容的属的本性起破坏作用，因为聪明的作为主体决定了同一种不相容的属的一种本性；而主体与之相矛盾的那种东西与相同的东西本身也是矛盾的，尽管主体的特性不是原初矛盾的。关于绝对完善性的习惯说法常常是摇摆不定的。

此外："有理解能力的"似乎是意谓一种确定的属，即实体的最高层次。因此，由此应该推论出它是一种绝对完善性吗？关于是者的特性一般不是这样，因为它们以某种方式得自每一个是者，即要么作为普遍的特性，要么作为一个析取式的一个析取支。

如果一个大胆的反对者说，每一个以名词表达的每一个普遍的属的第一的东西是一种绝对的完善性，那么人们将怎样反驳他呢？因为他会说，如果人们在名词表达的意义上理解，那么每一个这样的东西都比任何与它不相容的东西更好；因为只有在它的属中以名词表达的超过其全体的东西与它是不相容的。如果人们联系以名词表达的上述实体来理解它，那么只要这些实体以名词方式被理解，说法就会是相似的：因为如果实体是确定的，那么确定的是最主要的；如果实体不是确定的，那么至少每一个主体（只要它是通过这样一个东西以名词方式被称谓的）就比任何东西（只要这个东西是通过另一个与它不相容的东西以名词方式被称谓的）是更好的。

第五个结论：第一起原因作用的东西或然地引起它总是引起的东西。

这一点的证明是：它所直接引起的东西，被它或然地引起——根据前面第四个结论的第三个证明；所以它引起所有东西，因为或然的东西根据本性不先于必然的东西，必然的东西也不依赖于或然的东西。

此外，从目的意志出发也是如此：只有这样的东西是必然欲想的，即，没有它，就得不到关于目的所欲想的持久性。上帝爱作为目的的自身；而且他所爱的关于他的作为目的的东西是能够持久的，即使没有任何与他本身不同的东西；因为由自身而必然的东西不依赖于任何东西，所以上帝不必然根据他的意志活动欲想任何其他东西；所以他也不必然引起任何东西。

与此相反："欲想其他某种东西"与第一的东西[1]是同一的；所 76
以它是必然是；所以它不是或然的。

此外：前面一个结论的第三个证明支持这里的这个证明，如果前面这个证明是有效的，那么任何第二原因在起原因作用的过程中都没有或然性，只有第一的东西在意志活动中才有或然性；因为正像第一的东西在意志活动中的必然性最终达到所有其他东西在起原因作用的过程中的必然性一样，它在意志活动中的规定性也导致所有其他东西在起原因作用的过程中的规定性。但是，它在意志活动中的规定性是一种永恒的规定性；所以每一个第二原因在它起作用以前就以某种方式被规定了，因而被规定为对立的东西并不受它的能力支配。

进一步的解释是：如果被规定为对立的东西受这个第二原因

[1] "第一的东西"的拉丁文原文是 primo，德译文是 das Erste，英译文为 the First Principle。如果根据英译文，则可以译为"第一原理"，但是拉丁文 primo 似乎没有这样的意思，而只有"第一的"意思。德译文比较忠实于原著，因此本文根据德译文和拉丁文进行翻译。这里以"东西"表示名词形式，即"第一的东西"。——译注

的能力支配，那么这个原因在起原因作用的过程中的不规定性就与第一原因在意志活动中的规定性结合起来。因为使第一原因成为一个不确定的原因，并不受它的能力支配；而且如果这个第二原因的不确定性与第一原因的确定性结合起来，那么看起来第二原因的可能性和不必然性就与第一原因的必然性结合起来。所以要么第三个证明是没有价值的，要么我们的意志似乎并没有使自身摆脱成为对立的东西。

此外：如果第一原因被确定为确定的，那么在这种情况下，一个第二原因如何能够以任何一种方式向着某物运动，而第一原因如果要运动则会向它的对立的东西运动——如同在我们罪恶意志的情况下那样——呢？

此外，第四点：每一次起作用都会是或然的，因为它依赖于第一的东西起作用，而这是或然的。

这是难以回答的问题，完整而清晰地解答它们需要说明和解释许多东西。我曾从未来或然的东西着眼探讨过关于上帝的知识，在那里人们可以寻找这些答案。

第六个结论：第一本性爱自身，这与第一本性是同一的。

我如下证明这个结论：目的原因的原因性和起原因作用是绝

78 对第一的——根据第二章第四个结论；所以第一目的的原因性和它所起的原因作用是完全不能在任何原因属中根据起原因作用的任何方式被引起的。但是第一目的的原因性是："把第一起原因作用的东西当作被喜爱的东西而推动"，而这与"第一起原因作用的东西喜爱第一目的"是一样的。但是，"一个对象被意志喜爱"的意思不过是说："意志喜爱这个对象。"所以：第一起原因作用的东西喜爱第一目的，这是完全不能被原因引起的，因此它"由自身而必然是"——根据第三章第五个结论；因此它与第一本性是同一的——根据同上第六个结论；而且这个推演在第三章第十五个结论是显然的。

这个结论可以以另一种方式如下推演，并且可追溯到相同的东西：如果"第一的东西爱自己"是与第一本性不同的东西，那么它是能被原因引起的——根据第三章第十九个结论；所以它是能被作用的——根据第二章第五个结论；所以它是能被某个真正起原因作用的东西所作用的——根据上一章第四个结论；所以它是能由某个喜爱目的的东西所作用的——同上。所以，"第一的东西爱自己"就会是由对某种在先被原因引起的目的的爱所引起的；而这是不可能的。

亚里士多德在《形而上学》卷十二论述理解活动时表明了这一点：[1]否则，第一的东西就不会是最好的实体，因为通过理解活动它才得到尊严；否则，进行理解活动的持续性就会十分艰辛，因为如果(第一的东西)不是(它的理解活动)，而是与它潜在矛盾的，那么根据亚里士多德，由此就产生艰辛。

这些证明理由是能够得到解释的。第一：对于每个处于第一活动中的是者而言，它的最终完善在于第二活动，它通过这种活动与最好的东西结合起来，特别是当它主动活动，而不仅仅是能够活

① Aristoteles, *Met*. Ⅻ, *t*. *51* (c. 9, 1074 b 15—30).

动时——但是每一个有理智的东西都是主动活动的，而且第一本性是有理智的，根据前面的结论。由此得出，它的最终完善在于第二活动。所以，如果这不是它的实体，那么它的实体就不是最好的，因为某种不同的东西是它的最好的东西。

第二：一种仅仅是接受性的潜能是一种矛盾的潜能；所以……——然而根据亚里士多德，这第二个理由不是证明，而仅仅
80 是一个可能性论证。所以他预先说明："这是一个有道理的假定"，等等。[①]

另一种方式是从潜能和对象的相互同一进行说明：结果主动活动与它们也是同一的。这个结果是无效的。一个例子：天使认识自己，天使爱自己；然而这里的主动活动与实体不是同一的。

这个结论在下面的补充说明中是富有成果的：因为首先得出，意志与第一本性是同一的。因为一个意志活动只是一个意志的活动；所以意志是不能被引起的；所以……，等等。同样：人们把意志活动理解为一个在后的东西，然而这种意志活动与那种本性是同一的；所以意志与那种本性就更是同一的。其次得出，理解活动与那种本性是同一的，因为只有被认识的东西才被喜爱；所以理解活动是由自身必然是。同样：理解活动比意志活动离那种本性更近。第三得出，理智与那种本性是同一的，如同前面从意志活动出发关于意志论证的那样。由此得出，理解活动的基础本身与理智是同一的，因为这种基础是由自身必然是，并且是在理解活动之前的概念

---

① *Ib. t. 51* (c. 9, 1074 b 27—28).

确定。

第七个结论：任何理解活动都不能是第一本性的偶性。

这一点的证明是：关于那种第一本性已经证明：它根据其自身是第一能够起作用的；所以它由自身而具有所有东西，基于这些东西它能够引起——除了其他所有东西——每一个能够被原因引起的东西，它至少是作为那些能够被引起的东西的第一原因。但是如果排除了它的认识，那么它就不再具有它能够引起那些东西所依据的所有东西；所以关于所有东西的认识不是某种与它的本性不同的东西。最后这个假定的证明是：除非基于对目的的爱，即愿意达到这个目的，否则任何东西也不能起原因作用；因为在其他情况下，任何东西也不能是真正起作用的东西，因为在这种情况下任何东西也不会愿意向着那个目的活动。但是，在为了某种目的而理解某种东西的活动之前，存在着对这种理解某种东西的活动的概念确定；因此在把理解活动理解为起原因作用的或有意志活动的第一时刻之前，必然把它理解为是理解 A，因此没有它，就不能真正引起 A；对于其他情况也是如此。

此外：同一个理智的所有理解活动与这个理智具有相同的关系，要么在本质同一的意义上，要么在偶然同一的意义上。这在每一个被造就的理智是显然的。它的说明是：这些理解活动似乎是相同的属的完善性；所以，如果一些活动预先假定一种令人接受的 82
东西，那么所有活动都预先假定同样的令人接受的东西；而且如果一种理解活动是偶性，那么每一种理解活动都是偶性。现在，有些

理解活动不能是第一的东西中的偶性——根据前面的结论;所以第一的东西中的任何理解活动都不能是偶性。

此外:如果一个理解活动能够是偶性,那么它在理智中被接受,如同在一个主体中被接受一样;所以与理智同一的理解活动以及因而更完善的理解活动也会是与不太完善的东西相关的接受性的潜能。

此外:同样的理解活动能够把握许多有秩序的对象;理解活动越完善,把握的有秩序对象就越多;所以最完善的理解活动,即不可能还有超过它的更完善的理解活动,就会对于所可理解的东西是相同的。第一的东西的理解活动以这种方式是最完善的——根据本章第二个结论;所以它对于所有可理解的东西是相同的。而且那种属于第一的东西自身的理解活动与第一的东西是同一的——根据前面倒数第二个结论;所以……,等等。

相同的结论也适用于意志活动。

此外还有如下证明:那种理智不过是一种理解活动;那种理智对于所有对象都是相同的,因而它不能对一种不同的对象就是不同的;所以理解活动对于所有对象都是相同的。我的回答是:如果从两个事物相互之间存在的同一性推论出它们与第三个事物相关的同一性,而它们对这第三个事物来说是外在的,那么这就是一种基于偶然情况的谬误。例如:(上帝的)理解活动是与意志活动同一的;所以,如果他的理解活动是对某种东西的理解活动,那么意志活动也是对相同东西的意志活动。这是得不出来的。得出来的应该是:有一种意志活动,而且这种意志活动是一种相同的东西,因为理解活动是这样一种相同的东西；所以，由于这种偶然关系，人们能够分离地而不是组合地得出这个结论。

此外还有如下论证：第一的东西的理智有一种完全适合它的和与它同样持久的活动，因为它的理解活动与它是同一的；所以它不能有另一种活动。这个推论不是有效的：一种情况是，一个有福之人看见上帝，同时也看见其他东西；即使他根据他最终极的能力看见上帝，如同关于基督的灵魂假定的那样，他也能看见其他一些东西。

此外还有如下论证：那种理智在自身通过同一性而有理解活 84
动的最高的完善性；所以也有理解活动的所有其他完善性。我的回答是：得不出这一点，因为其他更小的完善性能够是被原因引起的，因此与不能被引起的东西是不同的；最高的完善性不能是被原因引起的。然而，这个结果以另一种方式得到证明，因为：

第八个结论：第一的东西的理性总是现实地、必然地和清晰地并且从比其自身所是在先的本性来理解所有可理解的东西。

第一部分的证明如下：它能够以那种方式认识所有可理解的东西，因为它在理智方面属于完善性，就是说，它能够清晰地和现实地认识；确实，它必然属于理智的本质，因为每一种理智都延伸到最普遍理解的整个是者，如同我在其他地方解释的那样。但是第一的东西的理智除了有一种与它同一的理解活动以外，不能有任何其他理解活动——根据前面的结论；因此它有关于每一个可理解的东西的现实而清晰的理解活动，而且这种理解活动与它是同一的。

第一部分也通过以下得到说明：完美的艺术家预先认识到要做的每一件事情；否则他会无法完美地工作，因为认识是他工作所依据的尺度。所以上帝对于所有能够由他产生的东西都有一种清晰现实的认识，或者至少有一种习惯的认识，而且是一种比可产生的东西在先的认识。对这一点的反对意见是：一种普遍的艺术知识足以产生个别的东西。

与在先的东西相关的第二部分的证明如下：与它总是同一的东西是“由自身必然是”——根据第三章第五个结论和第四章第一个结论；但是与它不同的可理解的东西之是则不是必然是——根据第三章第六个结论；“由自身必然是”从本性上说是比所有不必然的东西在先的。

以其他方式的证明是：所有与它不同的东西之是依赖于它，如同依赖于原因一样——根据第三章第十九个结论；而且只要它是这样一种原因，它就必然包括对这种“出于原因”的东西的认识。所以，这种认识从本性上说是比被认识的东西之是本身在先的。

上帝啊，你的智慧和你的知识深厚无比，你以此把握了所有可
86 理解的东西！你能为了我渺小的理智使下面的结论成为可能吗？

第九个结论：你是无限的，并且是一个有限的东西所不能把握的。

我将试图推出这个最富有成果的结论。如果关于你在一开始就得到证明，那么上述大部分就会很容易成为显然的。如果你同意，那么首先我要努力从关于你的理智的论述出发推出你的无限性；然后我要提出其他一些论证并且研究它们是不是适合于最终

达到欲证的结论。

我主上帝，难道不存在无限多可理解的东西吗？这些可理解的东西难道实际上不在一个实际上理解所有东西的理智之中吗？所以，一个实际上同时理解那些东西的理智是无限的。这样一个理智就是你的，我们的上帝的理智，根据前面第七个结论。所以，这个理智与之同一的本性也是无限的。

我说明这个省略三段论的前提和结论。前提是：对于任何总是潜在无限的东西——即如果依先后秩序来理解，则能够是没有终点的东西——而言，如果所有秩序同时是现实的，那么它就是现实无限的。现在可理解的东西是与被创造的理智以某种方式相关的，如同显然的那样；而在你的理智中，所有那些只能由一个被创造的理智先后理解的东西都同时得到现实的理解；所以现实无限的东西在你的理智中得到理解。

我证明这个三段论的大前提，尽管它似乎是充分清楚的：如果所有这样欲被理解的东西是同时存在的，那么它们要么是现实无限的，要么是现实有限的。如果它们是现实有限的，那么若是它们依次先后被接受，则它们最终都能够被接受。所以如果它们不能被现实地接受，它们是现实同时的，它们就是现实无限的。

我对这个省略三段论的结论证明如下：如果一个较大的数比一个较小的数需要有或者能够推出一种较大的完善性，那么就能够根据数的无穷性推论无限的完善性。例如：为了能够承受十，要求运动力有比能够承受五更大的完善性；为了能够承受无限的东西，应该能够推论出无限的运动力。所以在我们所说的情况：为了

88 能够清楚地认识两个对象，应该能够推论出理智有比只能认识一个对象的更大的完善性；所以得出欲证的结论。我证明最后这一点：为了清晰地认识一个可理解的东西，要求应用理智并且确定应用理智的方向。所以，如果某种东西能够被应用到许多东西，那么它就不限于这些东西的每一个；因此一个可应用于无限的东西是完全不受限制的。

我以同样的方式至少证明关于理解活动的命题，由此出发就得出关于理智的欲证结论。这是因为，如果对 A 的理解活动是一种完善性，而对 B 的理解活动同样是一种完善性，那么对 A 和 B 的一种相同的理解活动绝不是同样清晰的，就像存在两种完善性那样，除非这两种理解活动的完善性都包含在理智之中；所以对于三种以及更多的理解活动也是如此。

人们要说：如果通过相同的理解方式理解许多东西，那么就不能从多推论更大的完善性。

换一种方式说，如果多种理解活动会达到根据形式规定是不同的完善性，那么关于理解活动的论证就会是合理的。多种理解活动不过是涉及不同种类的理解活动。但是，可理解的东西不是无穷多这样的种类，而只是个体；因为多种理解活动并不说明其他形式完善性，因此不能推论这种活动的涉及多个个体的更大的完善性。

反驳第一个回答：关于理解方式也可以像关于理智和理解活动那样进行论证。因为可以从关于理解方式所把握的多来推论更大的完善性；因为它必然以更优先的方式包括所有真正的理解方式的完善性,这样的理解方式根据其自身的本质分别提供某种确定的完善性;所以能够从无穷多完善性推论无穷多理解方式。

反驳第二个回答:从一种普遍的东西的观点出发理解个体则是不完善的,因为这样的理解没有考虑个体中所有具有肯定的是者性质[①]的东西,如同我在关于个体的研究中说明的那样。所以 90
根据每一种肯定的可理解性,理解每一个可理解的东西的理智理解多个个体的不同的肯定的是者性质,而且这在理解活动中产生比仅仅理解一个个体更大的完善性。因为每一种独立的肯定的是者性质的可理解性就是一种完善性,只要理解涉及这种性质。否则,如果这种是者性质不存在,理智就会是不太完善的,理解活动也会是不太完善的;因而也会没有必要假定这种理解在上帝的理智之中,这一点是通过第八个结论被排除的。

此外:能够从数和格得出可理解的事物种类的某种完善性;这一点由奥古斯丁在《上帝之城》卷十二第十八章中所证明。[②]

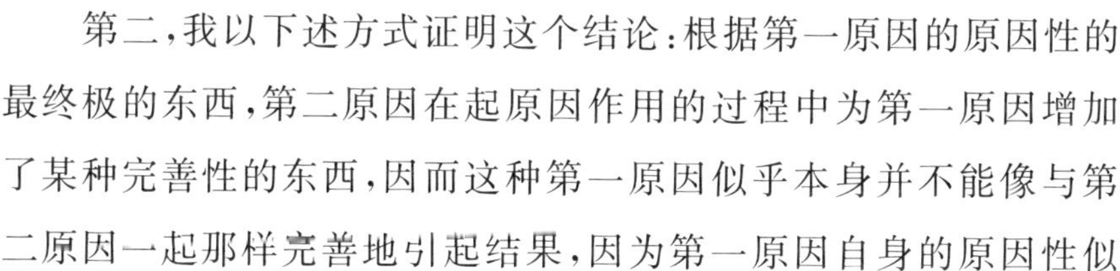

第二,我以下述方式证明这个结论:根据第一原因的原因性的最终极的东西,第二原因在起原因作用的过程中为第一原因增加了某种完善性的东西,因而这种第一原因似乎本身并不能像与第二原因一起那样完善地引起结果,因为第一原因自身的原因性似

---

① “是者性质”的拉丁原文是 entitatis,德译文是 Seiendheit,英译文是 entity。从字面上看,英译文似乎更近似原文,若以此翻译,则应该译为“实体”。但是这样一来,就会与 substance,即“实体”相混淆。德译文虽然在字面上与拉丁文原文不一样,但是却说明了这个词的意思。因此本文根据德译文翻译这个词。——译注

② Augusinus, *De civ. dei*, Ⅻ *c. 18* (PL 41, col. 367—368).

乎弱于第一和第二原因一起的原因性。所以，如果通过第一和第二原因一起而形成的东西比只通过第一原因自身而形成的东西是更完善的，那么第二原因就没有为第一原因增加任何完善性的东西。但是现在某种不同的补充的东西对每个有限的东西都增加某种完善的东西，所以这样一种第一原因是无限的。

对于我们的证明目的：对每个对象的认识，特别是那种观看的认识，是由这个对象本身作为更近的原因而产生的。所以，如果这种认识是一种理智内在的，而没有任何这样一种对象的活动，只是借助另一种在先的可能是与这样一种认识相关的更高的原因的对象，那么就得出：这个更高的对象的可认识性是无限的，因为更低的对象在可认识性上为它不增加任何东西。这样一种更高的对象就是第一本性；因为从它本身在第一的东西的理智的出现，没有其他对象共同起作用，形成了理智中对每个对象的认识——根据本章第七个结论，而且是作为最完善的认识——根据本章第二个结论。所以任何其他可理解的东西在可认识性方面也不为它增加某
92 种东西；所以它是无限的；所以这样它在是者性质方面也是无限的，因为每一个东西都与是是相关的，因而也与可认识性是相关的。

在此的反对意见是：在这种情况下，任何有限的第二原因都不能产生对被原因引起的东西的完善的认识，这种认识如此完善如同它是由被原因引起的东西本身引起的；但是这是假的，因为通过原因的认识比从没有原因的事物自身出发对事物的认识是更完善的。

此外：第一原因所起的原因作用与在第二原因不与它一起时所起的原因作用是同样完善的，由此似乎只能得出，它比第二原因本身更完善地具有第二原因的完善性；但是这似乎不能推论出无限性，因为一种有限的完善性已经能够比第二原因的完善性是更优越的。

此外：即使根据其潜能的最终极的东西而起原因作用的第二原因，在起原因作用的过程中不为第一原因增加任何东西，但是如何证明它在是中也不增加任何东西呢？因为在引起光传播的过程中，如果我们这个太阳会引起传播能够接受的那么多东西，那么另一个太阳就不增加任何东西；但是在是中有被增加的东西。因此，从作为对象的第一本性的出现可以有多少内在的认识，第一的东西的理智中就有多少认识；所以第二原因在起原因作用的过程中不增加任何东西，因为它不能作用那种已经是最高的现实的理智，就像另一个太阳也不会作用那个传播光的过程一样。如果人们由此证明它在是不增加任何东西，那么似乎同样可以论证地球在是对太阳不增加任何东西；因为它在引起光传播的过程中也不增加任何东西。

我对这些反对意见的回答如下。对第一个反对意见的回答是：在科学上我们只能在那些首先只是通过其自身而被把握的东西那里推论某种东西；因此，当我们在我们的科学知识中通过原因而知道一种被原因引起的东西时，原因并不同时带来对被原因引起的东西的简单认识，而这种认识能够产生对被原因引起的东西本身——根据奥古斯丁在《论三位一体》卷九最后一章：“认识是从

认识者和被认识的东西产生的”；[1]或者，即使原因能够产生一种简单的认识，它也不会产生那种直觉的认识，我在其他地方对此作
94 过许多论述。由此在所有通过原因的认识之外，可以期待某种对象自身只是在我们(思想中)所引起的东西。所以，如果上帝对石头有一个直觉的理解活动，而这个石头决不会起原因作用，那么这个石头也不能以其专门的可认识性——由此石头可以被认识——为第一的东西的本质的可认识性增加任何东西。

所以，如果人们推论：“任何有限的原因都不形成对被原因引起的东西的完善认识。”那么我就承认：“任何有限的原因都不形成甚至对我们来说是可能的最完善的认识。”如果人们说：“通过原因的认识是更完善的，”那么我说，其中就已经包含了对由这个原因本身所引起的结果的简单认识。对一种复杂联系的认识是由对原因的认识和对被原因引起的东西的认识同时引起的；而且从第一原因和第二原因一起确实比只从第二原因产生某种更完善的东西。与此相反：只从一个有限的第一原因能够比只从第二原因产生更完善的结果；而只有从第二原因才形成其通过观察的认识。我的回答是：只从一个有限的第一原因能够产生某种比只从第二原因产生的更完善的东西——考虑通过观察的认识——但是不产生一种由第二原因所引起的结果，无论它与所有其他有限的原因相比是第二的，还是第一的。因为在引起这样的认识的过程中，第二原因似乎只是偶然地跟着一个在先的有限的原因排列的，因为形成这样一种认识能够不通过一个比在观察中被认识的东西在先

① Augusinus, *De Trin.* IX, *c. 12* (PL 42, 970).

的有限的原因；即使在观察中被认识的东西不是由这样一个原因被引起的，即使它没有那个有限的在先的原因，而且即使只有一种理智，也是会有这种认识的。

对第二种反对意见：一个有限的在先的原因有可能会在起原因作用的过程中本质地包含第二原因的全部完善性，并且在这一过程中超过以这种完善性只作为形式规定的第二原因；然而有效的是：如果它以优先的方式被具有并且还作为形式规定被具有，那么它在起原因作用的过程中就也以某种方式超过它自身，如同它只是以优先的方式被具有一样。而且完全普遍地说：如果它如同作为形式规定那样为自身的完善性增加某种如同优先的那样的东
西，那么以这两种方式一起就超过了分别以一种方式。如果优先 96
的东西是有限的，那么就有这样一种增加；因为有限的东西加在一个有限的东西上会产生某种更大的东西。否则，宇宙就不会比第一被原因引起的本性更完善；但是有些人假定第一被原因引起的本性优先包含所有较低本性的完善性，这是我在前面第二章最后一个结论中予以否定的。

对第三种反对意见：在一种能够引起完善性的地方，要么完善性只是由某种借助形式规定的东西所引起的，这种东西具有与完善性相关的只是偶然地跟着在先的有限的原因排列的第一原因的特征，要么完善性只能由其他有限的原因被引起，如果那种借助形式规定的东西一起起作用——哪里也不会有那种完善性，除非借助一种无限的东西，对这种东西来说，如果增加那种借助形式规定

的东西，那么在起原因作用的过程中那种东西不增加任何东西。这样，上面给出的论证是有效的；因为如果那种借助形式规定的东西会增加某种东西，那么无限的东西——只要它借助形式规定是这样的，就会失去原因性的专门特征，并且只依赖于这种借助形式规定的东西，或者依赖于这样的东西，借助形式规定的东西在起原因作用的过程中不为这种东西增加任何东西。由此得出：所以在是中也不增加任何东西，因为起原因作用的东西根据其形式规定之是专门属于是；所以如果它在是中会为第一的东西增加某种东西，那么（第一的东西）就会失去那种专门具有的原因性，而这种原因性是作为那种借助形式规定的东西属于它的；所以第一的东西自身不会更优先地具有这样的东西，它由这样一种东西被原因引起，恰恰是由于它是这样一种东西。

所以很清楚，列举太阳的情况是没有什么意义的：如果某种东西是这个太阳所引起的，只要是这个太阳，那么另一个太阳就不会引起那些东西，而且没有这个太阳，另一个太阳自身也就不会有这些东西，但是如果这一个太阳确实为另一个太阳增加了某种东西——这里涉及那些作用范围，对我是无所谓的——，那么我要简要地说：它没有增加任何与那种必然只由某种借助形式规定而是这样的东西所引起的东西具有相同本质的东西——我说“必然”的意思是指：它不能以另一种方式被原因引起或者根本不能被原因
98 引起，所以比可被原因引起的东西是更完善的，除非借助某种东西，对于这种东西来说，那种作为这样的东西在起原因作用的过程中不增加任何东西，在是中也不增加任何东西。

列举地球的情况没有什么用处：对于光来说，它不适合像依赖

于一个原因那样依赖于地球。

第三，我以下述方式说明我们的结论：任何与一种偶然的完善性具有相同状态的有限的完善性都不是实质性的。我们的理解活动是一种偶性，因为它本质上是一种性质。所以任何有限的理解活动都不是实体。但是第一的东西的理解活动是实体——根据本章第五、第六和第七个结论。

大前提的证明：在藉以得出种差的形式规定上相一致的东西，在属上也是一致的，如果在这两种情况中形式规定的完善性都是有限的话；这是因为，每当有这样一种有限的种差时，它都是对相同的属的限制。如果种差在一种情况是有限的，而在另一种情况是无限的，情况就不是这样的；因为在这种情况下，从确定的角度看，即从形式规定的角度看，它们具有相同的性质。哪里种差是有限的，它就限制了一个属；因而通过种差而规定的东西就属于一个属。哪里种差是无限的，它就不能限制任何东西；因而这样的东西就不是在一个属中规定下来的。

以这种方式我理解下面这个命题：大概种概念可以转用到上帝，而属概念不能转用到上帝；因为种概念说明完善性，而属概念不说明完善性。如果愿意理解整个种，那么这就包含着一个矛盾，因为在它的本质概念中包含着属。所以必然着眼于说明完善性的种差进行理解；在属就不是这样的情况。这是非常可能的，因为种和属谁也不能“真正地”包含另一方。但是种差得到应用也不是由于它是种差——因为这样它就是有限的并且必然被规定在一个属中，而是由于种差有绝对的意义，这种意义说明绝对的完善性，无所谓是“无限的”还是“有限的”；这说明那种是者性质的完善性的方式，如同说明在白色中“更怎么样”和“不太怎样”一样。

100 我知道，这里的一些论述与一些人的观点是矛盾的；但是我不想在这里反驳这些不同的观点；这留待其他地方去做。

除了这第三种论证以外，可以在反过来的意义上给出如下一种完全相似的论证：任何有限的实体都不是与一种完善性同一的，因为如果它是有限的，那么根据它的本质性质，这种完善性就会是偶然的；第一实体与理解活动是同一的；等等。所以人们可以对第三个论证的大前提进行补充论证：任何与一种偶然的东西具有相同的本质性质的完善性都不是实体的或与实体同一的；因为属与属原初就是不同的，而且在某种情况是偶性的东西就绝不是实体。所以理解活动与任何属于实体这个属的实体都不是同一的。如果这个实体是有限的，那么它就是这样的（它属于实体这个属并且与其理解活动不能是同一的）；如果这个实体不是有限的，那么就得出那个欲证的命题。

此外我提出第四种论证：每个有限的实体都属于一个属；第一本性不是这样的，根据本章第一个结论；所以……，等等。大前提是显然的，因为在共同的实体概念，有限的实体与其他东西是一致的，并且根据形式规定性是不同的——这是显然的；所以进行区别的东西以一定的方式与实体的是者性质是同一的；但不是通过全面的同一性而同一的，因为它涉及原初不同的本质性质，而这些本质性质都不是无限的，所以它们谁也不通过同一性而包含另一方；

所以从它们形成一，如同从限制者和被限制者，从活动和潜能形成一那样；所以有属和种差，所以有种。

简要的并且相同的论证是：所有现实一致和现实区别的东西都是通过一种现实状态而一致和区别的，这种现实状态在形式规定的意义上不是“相同的”。但是对于事物由之一致的现实状态来说，只有当它是一种无限的同一性时，它才能处于那种事物由之区别的同一性；并且在这种情况下，包含一致的和区别的东西就会是无限的东西。但是，如果在同一性中一致的就不是区别的，区别的 102
就不是一致的，那么就得出有一种复合构成。所以，所有本质一致和本质区别的东西要么是由依形式规定而区别的现实状态复合构成的，要么就是无限的。每一个“真正”存在的东西都是以这种方式一致的和区别的；因此，如果它本身是非常简单的，那么就得出，它也将是无限的。

根据这四种方式，似乎能够推论关于上帝的无限性：三种方式得自关于理智所接受的中介概念，第四种方式得自前面说明的本质的简单性。

第五种方式在我看来是更优越的方式，我根据这种方式作如下论证：有某种更完善的东西，这与最优越的东西是不相容的——根据第三章第四个结论的补充；有某种更完善的东西，这与有限的东西不是不相容的；所以……，等等。小前提的证明是：“无限的”与“是者性质”并不矛盾；无限的东西是比每一个有限的东西更大的。可以以不同的方式进行论证，而且结论相同：在强度的意义上，无限性与这样的东西是不矛盾的，即它只有是无限的，才是最高完善的;因为如果它是有限的,它就能够被超过,因为无限性与它确实不是矛盾的。所以最完善的东西是无限的。

在前一个论证中接受的这个证明的小前提似乎不能得到先验的说明;因为正像矛盾的东西是基于其自身的本质意义而相互矛盾的并且是不能通过某种更显然的东西被证明的一样,不矛盾的东西是基于其自身的本质意义而相互不矛盾的,而且这似乎只有通过详细解释其本质意义才是可说明的。但是,“是者”不能通过任何更被知道的东西来解释;我们借助“有限的东西”理解“无限的”,而且我在通常的语言用法的意义上如下解释它:无限的是这样的东西,它不仅仅是根据有限的尺度超过某种给定的有限的东西,而是还要超出所有可以给定的关系范围。

尽管如此,仍然能够如下理解这个欲被说明的命题:正像所有看不出其不可能性的东西都能够被假定为是“可能的”一样,凡看不出其不相容性的东西也都能够被假定为是“相容的”。这
104 里看不出不相容性;因为有限性不属于“是者”的本质意义,根据“是者”的本质意义也看不出“有限的”是一种与“是者”可替换的规定。这二者之一对于对上述矛盾来说是需要的;从关于是者的首要的和可替换的规定大概不能充分地认识到,它们对于是来说是内在的。

第三,能够如下理解:“无限的”以其专门的方式——就是说,以一部分优先于另一部分来理解——不与量相矛盾;所以“无限的”以其专门的方式——就是说,以完善的同时是的方式来理解——也不与是者性质相矛盾。

第四:如果力量的量绝对是比质量的量更完善的,那么为什么无限性应该在质量上是可能的，而不应该在力量上是可能的呢？但是如果它是可能的，那么它就是现实的——根据第三章第四个结论。

第五如下：以是者为对象的理智在理解无限的是者的过程中看不到任何矛盾；这甚至似乎是最完善的可理解的东西。但是如果对于任何理智来说，这样一种关于其第一对象的矛盾都不会是显然的，则是令人奇怪的，因为不和谐的声音很容易惹恼听觉。我说，如果一种不和谐被感觉到并且起到令人恼怒的作用，那么为什么任何关于本性的理性都不害怕无限的是呢？就像不害怕某种不那么便当的东西，某种甚至破坏其第一对象的东西呢？

由此可以润色安瑟伦关于“最高可考虑的东西”的论证。[①]应该如下理解他的描述：“上帝是这样的东西，除他外”——如果这里的考虑没有矛盾的话——“再不能（没有矛盾地）考虑更伟大的东西”。因为，如果被考虑的东西包含一个矛盾，那么这意味着这是不能被考虑的，并且确实是如此；因为否则就有两种这样相互对立的“可考虑”的东西，因而以任何方式也无法使一种东西成为可考虑的，因为这两种东西谁也确定不了另一方。由此得出，所说的这样的、最高可考虑的、藉以描述上帝的东西是现实的；首先得出具有本质的是：在这种最高可考虑的东西中，理智在最高的意义上得到安宁；所以在这种东西中有理智，即是

① Anselmus Cant.，*Proslogion* c. 2—3（ed. F. S. Schmitt，Opera Omnia I，p. 103）.

者的首要对象的本质意义，并且是在最高的意义上。此外还得106 出存在的是：最高可考虑的东西并非仅仅在进行思考的理智中；因为在这种情况下，它就可能是，因为是可考虑的，并且可能不是，因为由另一个东西而是与它的本质意义是矛盾的——根据第三章第三和第四个结论。所以，在现实中的东西比仅仅在理智中的东西是一种更伟大的可考虑的东西；对此不应该这样理解，好像同样相同的东西在被考虑时，如果存在，就是更伟大的可考虑的东西，而是应该如下理解：一个存在的可考虑的东西比任何只是理智中的东西是更伟大的。

或者可以以其他方式润色：一个更伟大的可考虑的东西是存在的东西，这就是说，它是更完善可考虑的，因为它是可观察的。不在自身存在，也不在不为之增加任何东西的更优越的东西中存在的东西是不可观察的。可观察的东西比不可观察的东西，即只是抽象地可理解的东西，是更可认识的。所以以最完善的方式可认识的东西是存在的。

达到我们的证明目的的第六种方式，即从目的出发，如下：我们的意志能够追求或喜爱某种比每一个有限的目的更伟大的东西，如同理智能够理解的那样。而且似乎有一种喜爱最高的无限的善的自然倾向；因为由此可以论证一种向着意志中某种东西的自然倾向，说明自由意志愿意从自身出发没有规约地乐意地支配性地达到这种东西。因此看来，我们在通往无限的善的爱的过程中体验到：自由意志似乎不是在另一种完善的东西中得到安宁。如果这种东西与自由意志的对象是对立的，那么自由意志怎么会从本性上不恨它,就像它从本性上恨那不是[1]一样呢?

第七种方式是从起作用的原因出发;亚里士多德在《物理学》卷八和《形而上学》卷十二谈到这种方式:(第一的东西)在无限的运动中运动;所以它有无限的潜能。[2]

着眼于前提,这个论证应该做如下润色:如果(第一的东西)能够像它实际运动那样无限地运动,那么基于欲证的前提的结论就同样是有效的,因为它必然同样处于运动之中。着眼于结论,则润色如下:如果它由自身出发并且不借助其他东西在无限的运动中
运动,那么它不是从其他东西获得运动的能量,而是在它自己起作 108
用的能量中同时具有整个结果,因为它是独立的。但是,根据能量而同时具有无限结果的东西是无限的;所以……,等等。

这个论证以其他方式的润色是:第一运动者在其起作用的能量中同时具有所有能够通过运动产生的结果。如果运动是无限的,这些结果就是无限的;所以……,等等。

结论似乎并没有被证明是有效的。没有以第一种方式被证明是有效的,因为一个更长的持续过程对完善性不增加任何东西。白色不会由于保持一年就比仅仅保持一天更完善;所以一种任意更长的持续过程的运动不会比仅仅一天的运动是更完善的结果。

---

① "不是"的拉丁文原文是 non esse,德译文是 das Nicht-Sein,英译文是 non-being。——译注

② Aristoteles, *Phys.* Ⅷ, *t. 78* (c. 10, 266 a 10—24), *80* (266 b 6—20), 86 (267 b 17—26); *Met.* Ⅻ, *t. 41* (c. 7, 1073 a 3—13).

所以由此就得出,起作用的东西在其起作用的能量中并且同时具有所有结果,这里同样得不出比那里更大的完善性,除非起作用的东西运动更长时间并且由自身运动。所以应该予以说明,起作用的东西的永恒性将能够导致它的无限性;否则就不能从运动的无限性导致起作用的东西的永恒性。这样就否定了润色的最后一个命题,除非着眼于持续过程的无限性。

第二种润色被消除:因为人们不能根据下面的情况推论一种在强度的意义上的更大的完善性,即不能根据:一种起作用的东西能够相继产生任意多同种的东西,只要它保持存在;因为凡能够在某一时刻促成这样一个东西的,也能以相同的能量促成千百个,如果它在千百个时刻保持存在的话。但是根据哲学家的观点,除了能够通过运动而产生的,即通过运动而生成和消亡的结果的数量无限性外,不可能有其他无限性;因为他们在种上假定了有限性。如果其他人要通过下面的论证来证明种的无限性是可能的,即一些天体运动是不可比的,因而从来也不能回归一致,即使它们无限地持续,而且如果无穷多不同种的结合引起无穷多不同种的个体——这些无论是什么情况,都与亚里士多德的观点没有关系,因为亚里士多德是要否定种的无限性的。

110 这里的进一步反对意见和问题是:你在第一个论证中依据下面的理由推论无限性,即上帝的本质意义是认识无限的东西的原因,而且在这里你否定人们能够由下面推论这一点,即它是无限的东西之是的原因,如同引起被认识的是者比引起真的是者是更伟大的,这是为什么呢?此外:你愿意在第二个论证中只根据下面的

理由得出关于无限性的推论，即第一的东西的本性是看到其他某种本性的全部根据，而且如果它确实是其是的全部根据，那么在这里就得不出这个结论，这是为什么呢？因为至少对于对它最直接的本性来说，它是是的全部原因。

对第一个反对意见：无论任何东西，如果它能够同时做许多事情，而各个事情要求有某种专门的完善性，那么就能够基于许多这样的事情推论它是更完善的。在同时涉及无限的东西的理解活动时就是如此；而且如果人们证明它能够同时引起无限的东西，那么我也会承认无限的东西涉及一种无限的能量；但是如果它只能相继引起无限的东西，我就不承认这样。

与此相反：它同时“有”那种能量；由于它有，因而它“能够”同时作用无限的东西；然而结果的本性不允许这样；所以能够引起白事物和黑事物的东西是同样完善的，因为这两种事物可以不是同时被引起的。这是由于它们是相互排斥的情况，而不是由于在起作用的过程中的一种缺陷。

我的回答是，这里证明的不是：第一的东西是这种无限的东西 112
的全部原因和它“同时”“有”那些无限的东西；因为这里并不是根据作用原因性来证明，由于某种与这种专门的形式规定性相应的原因性，一个第二原因也是不必要的。

与此相反，得到很好证明的是：它优先具有所有第二原因的原因性，也具有第二原因专有的原因性，尽管没有证明，那种第二原因性以形式规定性的方式对其内容没有优先增加任何东西。所以它优先地同时具有与所有可被作用的东西有关的，甚至与无限的东西有关的所有原因性，尽管这些东西只是相继被作用的。

我的回答是：在我看来，这是对上述亚里士多德的结论的最后润色，而且从这里出发我如下证明无限性：如果第一的东西会以形式规定性的方式并且“同时”有所有原因性，那么它就会是无限的，即使可被原因引起的东西不能同时被产生；因为只要取决于它，它就能够同时产生无限的东西；并且“能够同时产生更多的东西”，由此能够推论在强度意义上的更大的能量。所以，如果它比以形式规定性的方式具有原因性还要更完善地具有所有原因性，那么就得出在强度意义上的更多的无限性。但是它完全地具有所有原因性，这种完全性是在它发现的，甚至比在形式规定的意义上更优先发现的；所以它有一种在强度意义上的无限的能量。

即使我想把如同天主教徒理解的那种真正意义的全能推迟到对信念的真之探讨，即使不证明全能，这里确实也要证明一种无限的能量，这种能量由自身而优先同时具有所有原因性；如果它把这种原因性作为形式规定性而具有，那么只要取决于它，它就能够产生无限的东西，如果这些东西会被同时作用的话。如果人们反对说：“第一的东西不可能由自身而同时引起无限的东西，因为没有证明它是无限的东西的整个原因”，那么这不是对立的。因为如果它同时具有使它成为整个原因的东西，那么它就不会比它现在——即它具有使它成为第一原因的东西的时候——是更完善的东西：因为为了完善性并不要求在起原因作用的过程中增加这两个原因；因为在这种情况下，更遥远的东西就会是更完善的东西，原因在于它要求一种更完善的原因——但是如果根据哲学家们的观点有这样一种要求，那么由于第一的东西以一种不完善的原因可能会引起一种不完善的东西，由于这种不完善性，根据他们的观点，第一的东西就不能直接引起不完善的东西。而根据亚里士多德的观点，第一的东西中的完善性是比下面的条件更优先给定的，即它的形式规定性本身是它内在的，如果它们能够是内在的话。因此，亚里士多德对于无限能量的论证似乎能够得出一个有效的结论。

对于以上第二种反对意见，我说：由于神的本质自身是完善地 114
观看石头的根由，因而得出，石头在完善性上对那种本质不增加任何东西。如果它是直接引起石头的过程的根由，那么就得不出这一点，即使这一过程是作为整个原因。因为对于最高的本性来说，第一原因是整个原因——然而，这种原因不允许推论对它来说是第一原因的无限性，因为它是有限的；但是这里也没有证明，它对于其他东西来说是整个原因；所以，等等。

根据这种证明起原因作用的方式进行的论证是：（上帝是无限的），因为上帝创造；在创造活动的两端之间有一个无限的距离。

在这里，假定了一种信念作前提，而且，根据持续过程，“不是”似乎确实是在是之前，然而根据阿维森纳的看法，“不是”只是根据本性在是之前。这样这个前提就能够由第三章第十九个结论得到说明；因为至少在上帝之后的第一本性是来自上帝，而不是来自它自身，它也没有基于预先假定的东西而接受是；而且，如同已经说明的那样，一个被作用的东西不要求一个被改变的东西，但是，如果人们假定“不是”是与是相对的“根据本性在先的”，那么那里就没有会由那种力量所引起的变化的两端。但是，无论关于前提的情况可能会怎样，结论没有得到证明；因为当两端之间没有距离，但是人们只能基于两端本身来谈论距离时，它们的距离就像较大的一端那样大。例如：上帝与创造物有无限的距离。

最后这个结论从内在原因的否定得到说明：因为形式是通过质料限制的；所以那种不在质料中出现的东西是无限的。

这个论证在我看来是没有什么价值的，因为根据持这种观点的人，没有质料的天使不是无限的。是也绝不能使本质成为有限的，因为根据他们的观点，是比本质是在后的。所以每一种是者性质都具有一种其内在的，而不是通过其他是者而形成的完善程度。而且，如果人们说："形式在质料上有自己的限制，所以如果它不在这个质料上有自己的限制，它就没有限制"，那么这就是一个推论谬误。"一个物体在一个物体上有自己的限制；所以如果它不在一
116 个物体上有自己的限制，它就是无限的"——终极的天是无限的：这是《物理学》卷三的诡辩。[①] 因为物体首先是在自身被限制的。所以有限的形式首先是在自身被限制的，因为首先在是者中有这样一种确定的本性，然后这种本性才通过质料得到限制。因为第二种有限性预先假定第一种有限性，所以它不起原因作用。因此有一个自然时刻，在这一时刻，本质表现为有限的；所以它不能通过是而成为有限的；所以它在第二个时刻也不通过是而成为有限的。

---

① Aristoteles, *Phys.* Ⅲ, *t. 31* (c. 4, 203 b 20—22).

第十个结论：从无限性得出全面的简单性。

首先是本质上内在的简单性：因为它要么是由有穷的部分本身构成的，要么是由无穷的部分本身构成的；如果是第一种情况，它就是有限的；如果是第二种情况，部分就不会小于整体。①

其次，它不是由量的部分构成的：因为无限的完善性不是在一个实量中，②这是因为只要它是有限的，它就会是在一个较大的实量中较大的；但是无法有无限的实量。这是亚里士多德在《物理学》卷八和《形而上学》卷十二的论证。③

然而在此的反对意见是：在一种实量中的无限的完善性在整体上和在部分上都会有相同的本质，因此不会"在一个更大的实量中是更大的"；所以现在有理解能力的灵魂是最完善的形式，而且它在一个小物体中与在一个大物体中是同样完善的，在这个物体的部分中与在整体中是同样完善的。如果根据它的本质它有一种理解某种无限可理解的东西的无限能量，那么在小的实量中它同样有这种能量；如果人们假定一种更大的实量，那么这种能量也不会更大。因此否定了下面的结论：实量中的每一种能量在更大的实量中是更大的。

对亚里士多德这个论证的润色是：它证明，一种无限的完善性

---

① 这里是根据德译本译出的。英译本为"部分就会小于整体"。英译本所依据的拉丁文本与德译本所依据的拉丁文本不同，在后者，这一句话里加了 non，因此德译文加了 nicht。——译注

② "在一个实量中"的拉丁文原文是 in magnitudine，德译文是 in einer Größe，英译文是 in a magnitude。它与一般所说的"量"的意思差不多，只是后者更抽象一些。为了区别，本书把这个词译为"实量"。——译注

③ Aristoteles, *Phys.* Ⅷ, *t. 79* (c. 10, 226 a 24—226 b 6); *Met.* Ⅻ, *t. 41* (c. 7, 1073 a 3—11).

并不是以某种方式在一个实量中，以致它“偶然地”扩展，即一部分总是在一部分中；因为在这种情况下，就在活动中所起的作用而言，它在整体中就会比在部分中更大，即使不考虑其本身的强度，比如像一场大火和它的一部分火那样。这样就得出，在一个有限的实量中，没有根据所起作用而是的无限的能量，而且这种能量是
118 “扩展的”：所以也没有根据其自身强度而是的无限的能量。

这第二个结果是显然的，因为只有从其有效性的无限性才能推论它是无限的。但是，第一的东西是合乎道理的，这得到两点说明：第一，在一个有限的实量的每一个确定的部分都有一种符合有效性的有限的能量；否则它就不会小于整体；所以它在实量整体中也是有限的，因为任何由自身有限的事物和取有限次部分而构成的东西都是有限的。第二，如果人们认为实量是增长的，那么能量根据其有效性同样增长；所以只要认为能量是能够增长的，它过去就是有限的，并且将是有限的；而且只要它在一个有限的实量之中，它就总是这样的。所以，除非人们认为它在一个无限的实量中，否则人们就绝不能认为它是不能增长的，因此它根据有限性绝不能不是无限的；所以根据强度也不能不是无限的。

然而，它对证明目的——一种在强度的意义上无限的能量不是那样“偶然地”扩展的，以致一部分总是在实量的一部分之中——有什么帮助呢？由此为什么应该得出它根本不在一个实量中呢？对最后这个论证应该做如下补充：“扩展”意味着对某种是扩展载体的东西的扩展，而且这种东西不是那种无限的完善性，也不是其形式是完善性的质料，一如有理解能力的灵魂是肉体的完善性；因为那种完善性不是在质料中——根据本章第一个结论；所

以……，等等。因此哲学大师在这个证明之前，在《形而上学》卷十二[1]还先证明了它不在质料之中，并且，借助前面那个结论和这个结论，就可以充分地得出欲证的这个结论。

这个结论的更简要的证明如下：理解活动不是扩展的载体；第一本性是理解活动——根据本章第六个结论；而且不是在一种可被确切称之为量的质料中被接受的——根据本章第一个结论。

第三，这里的推论是：无限的东西不是能以偶性构成的，因为每一个能够被完善的东西就其自身而言都缺少进行完善的是者性质，否则它就不会与这种完善性处于“潜能”的关系；所以这种完善性被加在一种能够被完善的东西上，而且整体是某种比其内部结合起来的任何部分更完善的东西。无限的东西不缺任何东西；凡 120
是能够与它结合在一起的东西都不能增加完善性，因为否则就会有比这种无限的东西更伟大的东西。其次，与质料相结合的偶性不能是内在于它（上帝）的，因为它不是由量确定的。属于理智和意志范围的非质料的偶性也不在它之中；因为那里似乎最能够作为偶性出现的东西，比如理解活动和意志活动，与它是同一的——根据本章第六个结论。

对于这一点，另一种论证是：在第一的东西中没有东西是偶然的，因为“本质”的东西是在所有“偶然”的东西之前的；在第一的东西中没有东西是被引起的；在第一的东西中没有“潜能”。

这说明，任何偶性都不属于第一的东西的本质，但不说明，任

---

① Aristoteles, *Met*. Ⅻ, *t*. *30* (c. 6, 1071 b 19—22).

何偶性都不会是它偶然内在的。第一个论证不是证明：在第一的东西的本质中——这本质就是第一本质——任何东西都不会是“偶然的”，即使某种与它不同的东西会是它“偶然”内在的；因此“本质”的东西是会比“偶然”的东西在先的，因为第一本质是会比偶然的东西与它的结合在先的。第二个论证不是证明：第一本质不会是被引起的，即使某种被原因引起的东西会把它“偶然”确定为形式；一个被原因引起的实体的本质绝不是其本身的原因，即使一些实体是其偶性的原因。第三个论证不是证明：一种偶然的东西的潜能只是限定意义上的“潜能”；由此出发将说明，它不能在某种本质上只是活动的东西之中。

以其他方式的证明是：在第一的东西中只有绝对的完善性——根据本章第二个结论；每一种这样的完善性都与那种本质是同一的，否则它就不会是由自身“最好的”，或者会有更多绝对“最好的”。

这并不是推论：因为根据在本章第四个结论的第六个证明中所说的，显然下面的说法与绝对的完善性的本质概念并不矛盾：有许多绝对的完善性，而且每一种完善性在其程度上都是“最高的”；然而有一种最高的东西是比另一种最高的东西，甚至比所有那些最高的东西“更好的”；第一的东西的本质比它们每一个都是“更好
122 的”，即使它们都不会是与它同一的，而只会是内在于它的。因为得不出下面的结论：“这种表明性质的命名是比所有与它不相容的东西更好的，而且它使它的本质最大限度地体现出来，所以它是绝对最好的”，而是只得出下面的结论：“……所以它是那种整个属中

最好的东西，它自身就在这种属中，并且是那种与它相容的表明性质的命名的东西。”

然而：“如果所有所谓绝对的完善性都通过同一性而相互包含，那么对任何东西来说，如果它比另一个东西更完善地具有一种完善性，那么它也必然更完善地具有另一种完善性。”这个结果是假的；因为质料是比形式更必然的，然而它却不太是一种活动；偶性依赖于实体，然而它比实体更简单；同样，天体是比混合体更持久的，然而我们的肉体，只要赋有灵魂，就是更优越的。所以得出，绝对的完善性——作为是者的规定性这样的完善性除外——不仅相互是完全不同的，也许与其载体也是完全不同的；而且如果一种完善性被更强烈地具有，那么另一种完善性就被不太强烈地具有，或者根本不被具有。

但是，这个论证的第一个命题也没有得到说明；因为这里提到的本章第二个结论证明的绝不是与固有的偶性有关的东西，而是与内在的最高本性有关的东西。

但是如果一个大胆的反对者会在第一的东西中假定某种偶性，那么就会很难针对他说明，这是一种绝对的完善性；因为有时候更优越的本性由一个不太优越的命名物得到说明其性质的命名，而不太优越的本性由一个被称为绝对完善性的更优越的命名物得到说明性质的命名。例如：第一质料是简单的，人不是简单的；简单性是这样一种命名物。

以最后这四种证明方式确实会很难证明，也许根本就不可能证明，在第一的东西中不能有任何这样的偶性，它对于第一的东西来说是偶然地和或然地内在的，会使第一的东西能够发生偶然的变化的，要么是由它自身发生变化，要么是由某种在后的东西发生变化；因为人们甚至假定我们的意志是由本身向着意志活动变化的，即使人们为我们的活动假定了第一原因。

124 如果下面的证明会是有效的，即在第一的东西中有一种与偶性相矛盾的简单性，那么这就会是一个非常富有成果的结论。谁若是不喜欢这里提出的前两个证明，那么他应该提出更好的证明。

我主上帝，天主教徒根据以上论述能够以各种方式推论出哲学家所知道的关于你的更多的完善性。你是那第一起作用的东西，你是那终极目的，你是那最高的完善性，你超过一切。你是完全不被原因引起的，因而是不可被产生的和不可被毁灭的；确实，你完全不可能不是，因为你由你自身而是必然是；因此你也是永恒的，因为你同时具有持续过程的不可终结性，而没有成为相继过程的潜能；因为一个相继过程只能是在一个持续的被原因作用的过程中，或者至少在依赖于其他东西的过程中，而且这种依赖性与由自身而必然是是相距甚远的。

你过着最优越的生活，因为你是有理解能力和意志能力的。你是幸福的，甚至是本质的幸福，因为你是对你自身的领悟。你是对你自身的清晰观看和最快乐的爱；而且尽管你只在自身是幸福的，尽管你对自身是最充分的，但是你确实同时理解所有现实可理解的东西。你能够愿意有所有或然地和自由地可被原因引起的东西，并且通过意志活动引起它们；所以你在最真的意义上具有无限的潜能。你是不可被领悟的，无限的；因为任何全知的东西都不是有限的，任何具有无限潜能的东西都不是有限的，而且是者中最高的东西不是有限的，终极目的也不是有限的，由自身而存在的完全简单的东西也不是有限的。

你在简单性的终极；你没有现实不同的部分，你在你的本质中没有不是真正同一的现实性。在你的身上，不能发现量，不能发现偶性；因此你在偶性中也不是变化的，因此正如我在上面明确所说的那样，你在你的本质上是不变的。

你自身是绝对完善的；不是完善的天使或物体，而是完善的是者，这个是者在能够是一个是者内在的是者性质方面不缺少任何东西。并非每一个是者性质都能够作为形式规定性而是内在于一个是者的；然而它能够作为形式规定性或以优先的方式被某个是者具有，就像你，上帝，确实具有它一样，因为你是所有是者中最高的，并且在所有是者中确实只有你是无限的。

你是没有限度的善，你最慷慨大度地放射你的善的光芒；每一 126
个个体都以自己的方式求助于最仁爱的你作为其诉助的终极目的。

只有你是第一真；因为凡不是像其看上去那样的，就是假的；所以表面现象的根由与它是不同的，因为如果只有它的本性才会是表面现象的根由，那么它看上去就会像它实际所是。对于你来说，其他任何东西都不是表面现象的根由，因为所有东西都表现在你的本质中，而你的本质首先是对你表现的；由此对你来说，任何在后的东西都不是表面现象的根由。

在这种本质中，我说，每一种可理解的东西都通过最完善的理解根由呈现在你的理智面前。所以你是最光辉的可理解的真和不会错的真，并且最确切地把握每一种可理解的真。因为其他在你之中出现的东西不是作为你内在的东西而出现的，所以也就不会通过在你之中出现而欺骗你；因为这种表面现象的根由并不妨碍通过它而表明的东西的真正根由在你的理智面前出现。如果某种外在东西的表面现象在表面现象上阻碍了那种是的东西，那么我们的视觉就受到欺骗，但是在你的理智却不是这样；相反，如果出现你的本质，那么在你看来，所有由其最完善的清晰性而闪现的东西就以其专门的根由表现出来。

为了完成我的计划，用不着再探讨你的真和你身上的观念。关于这些观念人们有许多论述；即使从来没有人论述过这些观念，甚至即使人们从不谈起它们，人们也同样会知道你的完善性。确定无疑的是，你的本质是在所有可认识性的意义上认识每一种可认识的东西的完善根由；无论谁愿意称它为观念，我在这都不打算停留在这个希腊和柏拉图式的词上。

除了以上所说的哲学家关于你的表达外，天主教徒常常赞美你是全能的、广大的、无所不在的、公正而仁慈的、为所有创造物并且特别是为有精神的创造物预见命运的；这些问题应该留待下一篇论文探讨。因为在这第一篇论文中，我试图弄明白，如何能够以某种方式从自然理性推论关于你的形而上学表达。下一篇论文应该提出使理性得到把握的信仰的真，对于天主教徒来说，如果这些真信念不是依据我们盲目的和往往犹豫不定的理性，而是可靠地
128 依据你的最牢靠的真，那么它们就是更确定的。

然而，这里我要提出一点，并以此结束本文：

第十一个结论：你是唯一的上帝，除此之外再没有其他上帝，一如你通过先知所说，

而且我相信，这种理性不是不能证明的。

关于这个结论，我提出五个命题。每一个命题如果得到证明，就会推出这个主要结论。

第一个命题：无限的理智根据数量只是唯一的。

第二个命题：无限的意志根据数量只是一种意志。

第三个命题：无限的潜能根据数量只是一种潜能。

第四个命题：必然是根据数量只是一。

第五个命题：无限的善只是唯一的。

从这五个命题任何一个都可以得出证明的目的，这是充分显然的。下面依次证明它们。

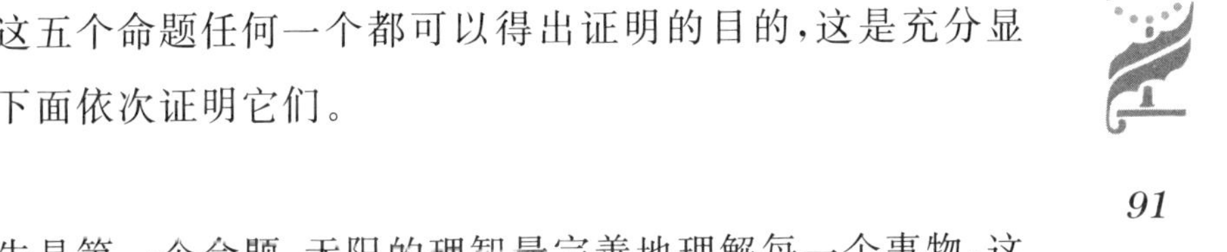

首先是第一个命题：无限的理智最完善地理解每一个事物，这就是说，只要这个事物是可理解的；而且它在理解过程中不依赖于其他任何东西，因为否则它就不会是无限的。如果会有两个无限的理智——假定它们是 A 和 B，那么它们谁也不会有那种完善的独立的理解活动。因为如果 A 通过 B 来理解 B，那么它在理解 B 的过程中就以某种方式依赖于 B，如同当活动与对象不同时，活动依赖于对象一样。但是如果 A 通过自身而不是通过 B 来理解 B，那么它就不像 B 是可理解的那样完善地理解 B；因为某种东西以最完善的方式出现，不过是要么在自身出现，要么在某种更优先地包含它的东西中出现；但是 A 本身不包含 B。如果人们说，这是相同的东西，那么反驳是：通过一种相同的东西的认识只是普遍的

认识，只要它们具有相同性；由此不会认识到那种使它们相互区别的专门特征。这种普遍的认识也不是直觉的，而是抽象的；而直觉的认识是更完善的。此外，相同的活动没有两个充分的对象；A 对于自身来说是充分的对象；所以它不理解 B。

其次，关于无限意志的命题的证明如下：无限的意志最喜爱最值得喜爱的东西；但是 A 不最喜爱 B，一方面是因为它从本性出
130 发更喜爱自己，因而它以自由和公正的意志同样更喜爱自己；另一方面是因为它在 B 得到幸福，但是如果 B 遭到破坏，那么它由此会是同样幸福的。因此，相同的东西不可能能够在两个对象中发现自己的幸福，这是从开始给定的东西得出来的；因为 A 不“用”B；所以 A“享用”B，所以 A 在 B 中是幸福的。

第三个关于无限潜能的命题的证明如下：如果有两种无限的潜能，那么它们对相同的东西都会是第一的；因为本质依赖性与本性相关，并且与具有这种本性的每一个事物同样相关。但是相同的东西不能依赖于两个第一的东西——根据第三章第十六个结论。所以有多个统治者是不好的：要么这是不可能的，要么每一个统治者会受到限制，因而只是部分统治者；而且在这种情况下就需要问，他们藉以结合而达到统治的一是什么？

第四个关于必然是的命题的证明如下：如果一个种能够变得多样化，那么它就能够从自身出发变得无限多样化；所以如果必然是能够变得多样化，那么就能有无限多必然是；所以也有无限多必然是，因为对于每一个必然的东西来说，如果它不是，那么它就不

能是。

第五个关于善的命题的证明如下:如果一个东西为另一个东西增加某种善的东西,那么有多种善的东西就比只有一种善的东西更好;任何东西都不比无限的善更好。根据这一点则有如下证明:每一个意志在那种唯一无限的善中得到完全的安宁;然而,如果还有另一种善,那么意志就能正确地表示意愿:会有这两种善,而不仅仅是唯一的一种善;所以它不会在那唯一最高的善中得到安宁。

还可以提出其他一些方式的证明,但是以上论述在目前就足够了。

我主上帝,你根据本性是一,你根据数量是一;你说除你以外没有其他上帝,你这样说是真的。因为尽管在名称上或根据人们的意见有许多上帝,但是根据本性,你确实是那唯一的真上帝,万物由你产生,万物在你之中,万物通过你而是,你是我们永远感谢的!阿们。

司各脱的《论第一原理》至此结束。

索　　引

（索引中的页码为德文本页码，即本书页边码）

图书在版编目(CIP)数据

论第一原理/(英)司各脱著;王路译. —北京:商务印书馆,2024

(汉译世界学术名著丛书:120年纪念版:珍藏本:增订本)

ISBN 978-7-100-23692-8

Ⅰ.①论… Ⅱ.①司…②王… Ⅲ.①经院哲学—研究 Ⅳ.①B503.23

中国国家版本馆 CIP 数据核字(2024)第076643号

汉译世界学术名著丛书

(120年纪念版·珍藏本·增订本)

论第一原理

〔英〕司各脱 著

王路 译

商 务 印 书 馆 出 版

(北京王府井大街36号 邮政编码100710)

商 务 印 书 馆 发 行

北 京 通 州 皇 家 印 刷 厂 印 刷

ISBN 978-7-100-23692-8

2024年5月第1版 开本 710×1000 1/16

2024年5月北京第1次印刷 印张 6¾

定价:36.00元